北大创业13讲

国民创业简明教程

郭蕾 主编

人民东方出版传媒

东方出版社

前言

为了进一步提升高校服务创新型国家建设的能力，培养青年创业者的创新精神，增强青年创业者的创业能力，北京大学产业技术研究院于 2012 年 9 月正式启动创业教育。

自 2012 年 9 月开设第一门创业课程《创业基础》，到 2018 年 7 月，产业技术研究院开设了 6 门不同的创业课，累计 1700 余名北大学生、校友和创业者参加过学习。这期间，作为课堂教育的有益补充，产研院还组织了 389 场讲座、沙龙、路演、辅导及实地参访，为参与者创造了更多锻炼与展示的机会；建设了北京大学创新创业创意孵化空间，为有意创业或正在创业的学生团队提供办公、讨论、交流、导师辅导与路演的空间。创业教育的开展离不开来自业界的导师，产研院从 1 到 96，汇聚了一批创业讲师与创业导师，这其中有成功创业的北大校友，也有国内外大学的教授与不同领域的行业专家。他们的讲授贴近实际，实操性强；同时导师们也对学生的创业项目给予了悉心的指导，有些还做了项目的天使投资人。

在创业课程体系与创业生态体系建设的过程中，我们将《创业基础》这门课定位为创业教育的入门必修课，所有学生在进入小班课程之前，都要修完这门课，在具备对创业较为全面的认知与理解之后，才能进入下一阶段的学习与实践。

为了使该课程惠及更多创业者，产研院着手将课程内容整理出版。按照创业的逻辑，结合创业的痛点与难点，同时考虑到内容的实效性，我们精选出 13 个模块，首先对授课内容进行了整理，然后对内容本身进行了有体系的调整与打磨，希望呈现给创业者们一本实用的创业简明教程。本书从创业精神入手，首先帮助读者评估自己是否适合创业。之后从机会识别、撰写商业计划书、产品与市场、品牌与营销、知识产权保护、商业模式创新、融资与资源管理、初创公司结构与股权管理、初创企业的上市与退出等模块，带领读者按照创办一个企业的基本逻辑和可能遇到的问题进行思考。另外，本书还设计了 2 个特别的模块："创意与创新思维"是针对不少团队创业的开始都是围绕创意而特别设计的模块；"精益创业"是希望读者了解这个实用的方法，快速验证创业想法是否可行。

回首产研院的创业教育与本书的出版，感谢产业技术研究院时任院长陈东敏教授，他是产研院创业教育的首倡者与践行者，也是《创业基础》这门课的设计者与主讲人。感谢参与过产研院创业课程授课与创业辅导的老师们，他们为北大的创业教育和青年创业者的成长奉献了自己的知识、经验与时间。感谢这本书每个模块的讲师，在成书的过程中，给予了我们最大的信任与支持。感谢东方出版社的鲁艳芳女士、张洪雪女士和黄彩霞女士，给了我们很多鼓励与专业建议，并耐心等待我们的修改打磨。

本书也凝聚了编者的智慧和心血，我们对整本书的内容取舍与章节排布，都进行了认真的思考，对多处细节进行了反复的斟酌，希望能够带给读者系统化的阅读体验。由于水平和经验所限，书中难免有疏漏不当之处，欢迎读者朋友们批评指正。

最后，祝愿每一位读者，不论是要自己创办一个企业，还是要在成熟企业和机构里从事创新创业的工作，读过此书后都能够有所收获。

编者

2021 年 11 月 30 日

目录

▶ **第一讲**

创业精神 | 陈东敏

创业、创业精神与创业生涯 / 2

创业者的基本素质和能力 / 4

创业者的创业意识 / 6

商业模式创新的创业 / 8

创业的社会目标 / 9

创业的过程 / 10

创业永远不会太晚 / 13

有哪些创业机会 / 14

▶ **第二讲**

创业机会识别与评判 | 王乐武

创业的好处 / 18

创业遇到的实际问题 / 20

商机 / 21

创业机会的识别与评判十大法则 / 29

▶ 第三讲

撰写商业计划书 | 王昆

商业计划书的重要性 / 38

商业计划书的七个内容 / 41

商业计划书的八大禁忌 / 50

投资人关注的七点内容 / 51

靠谱的融资渠道 / 52

▶ 第四讲

产品、客户与市场关系 | 陈荣根

技术演变五步骤 / 56

技术和产品切入点 / 58

产品与市场营销 / 60

产品定位与模式优化 / 63

案例分享 / 64

▶ 第五讲

品牌如何为创业加分 | 李婷

创业公司为什么需要品牌 / 70

品牌的本质：经营和维护用户的心 / 76

互联网时代更需要品牌思维 / 78

从 0 到 1 构建品牌的三大招 / 81

企业做品牌经常犯的三个错 / 84

成功案例分享 / 86

留在最后的话 / 89

▶ 第六讲

创业企业的营销战略 ｜ 黎怡兰

创业企业与营销的关系 / 92

数字经济时代的营销战略 / 94

创业企业的营销原则和关键技能 / 100

结语 / 102

▶ 第七讲

初创企业的知识产权保护策略 ｜ 王晔

关于知识产权的基础知识 / 104

获得知识产权的策略 / 107

应用知识产权的策略 / 117

保护知识产权的策略 / 119

第八讲

初创企业的商业模式创新 ｜ 陈东敏

商业模式 / 124

信用卡商业模式的三次创新 / 126

沃尔玛模式与戴尔电脑模式 / 128

价值创造、传递和获取的成本 / 131

产品的定价策略 / 132

价值获取的模式 / 135

第九讲

初创企业融资与资源管理 ｜ 韩树杰

创业融资的六种方式 / 147

融资计划的五大要点 / 148

如何理解众筹融资？ / 150

如何做好创业资源管理？ / 153

第十讲

初创企业公司结构及股权管理 ｜ 王英军

创业前的思考 / 158

吃透四大要素，搞定投资人 / 161

以创新吸引收购 / 167

与投资人谈判的两个原则 / 168

对赌也要坚持底线 / 168

其他股权类型 / 170

第十一讲
初创企业的成功上市与退出 | 许可

创业者最大的理想是企业上市 / 174

公司上市需要重点准备什么 / 176

企业上市后的优势 / 178

企业上市后的弊端 / 180

市场的类型 / 181

主要的法律依据 / 183

公司上市的运作成本 / 188

路演、询价和定价 / 189

畅通的退出渠道是资本市场繁荣发展的前提条件 / 190

第十二讲
创意与创新思维 | 徐智明

创意就是旧元素新组合 / 194

定位 / 201

设计思维 / 202

品牌 / 204

传播 / 205

第十三讲
精益创业 ｜ 劳维信

创业执行 / 210

精益创业 / 211

提升创业速度 / 213

成功案例 / 214

第一讲

创业精神

1

陈东敏

北京大学前沿交叉学科研究院教授；松山湖材料实验室常务副主任；联合国知识产权组织全球创新指数研究中心顾问（中国）；曾任北京大学创新创业学院筹备组组长、北京大学科技开发部部长、北京大学产业技术研究院院长。

曾任美国哈佛大学 Rowland 研究院所长顾问委员会成员，量子器件物理研究室主任；中国科学院物理所 / 北京凝聚态物理国家实验室主任。连续创业者，曾任美国硅谷 4-D-S 公司的首席科学家，核心技术发明人；美国硅谷 Miradia Inc 公司创始人和董事 CTO。

创业、创业精神与创业生涯

说到创业，我们不得不提两个人——比尔·盖茨和史蒂夫·乔布斯，这两个人都是时代的英雄。比尔·盖茨和史蒂夫·乔布斯是同龄人，都出生于 1955 年，他们还都有"本科没读完"这样一个非常有意思的经历。但也正是这两个"逃学"的人，凭借创业精神，让计算机走进了世界上几乎每个人的生活。

创业精神是改变世界、改变未来的雄心大志。那么，怎样改变世界？怎样改变未来？这源于创业者的初心。改变世界、改变未来的道路有很多，创业只是其中最艰难的一条；而在实践着自己内在追求的同时，缔造了在世界范围内都堪称卓越的公司，再也没有比这让人感到更加兴奋、更加充实和更为满足的事情了。

1975 年，比尔·盖茨 20 岁，当时他是哈佛大学的本科生，却向哈佛大学申请停学一年。停学做什么呢？比尔·盖茨跑去找他高中时期的一位朋友保罗·艾伦，两人一起创立了一家公司，这家公司就是现在我们都知道的微软公司。一年之后，另外一个20岁出头的年轻人史蒂夫·乔布斯，也和他的一位伙伴一起创立了苹果公司。当然，创业不是开起来一家公司就结束了，创立一家公司，并让这家公司持续不断地自我革命、自我更新，从而永远立于不败之地，才是创业者要做的事情。

有人说，比尔·盖茨和史蒂夫·乔布斯造就了一批富人。其实确切地说，是他们率领员工缔造了两个伟大的公司。微软公司一开始做操作系统，继而发明了整套办公软件，现在我们用的办公软件几乎被微软公司垄断了。2000年，微软公司成为全球第一大公司。2012年，微软公司的产值是730亿美元，利润是170亿美元。苹果公司也总是在持续不断地创新，推出了一代又一代革命性的产品。纵观苹果公司每一代的产品，都能看到其中的创新元素，而且一代比一代精巧，一代比一代功能强大。苹果公司不仅在硬件实体上进行创新，而且带来了商业模式的创新——这彻底改变了我们使用信息的模式。因为持续不断的创新，苹果公司在2002年成为全球最大的公司，每年的营销额达到1560亿美元，利润超过400亿美元。

从受到别人的启发开始，经过一系列的创新，最终用自己的成就来感染和影响下一代创业者，这就是一个创业者的创业生涯。

比尔·盖茨一开始是创业者，后来成为全球最大的慈善组织的创始人。2006 年，沃伦·巴菲特也给比尔·盖茨创立的慈善组织捐助了 15 亿美元。一个创业者，从一个梦想开始，最终成为全球最大的慈善组织的创始人。我希望，同样也在追求创业生涯的你们，未来会成为比尔·盖茨式的创业者。

创业者的基本素质和能力

执着的追求

许多创业故事听起来就像神话似的。创业要靠什么起家呢？

我们来看史蒂夫·乔布斯的人生经历。因为他是母亲未婚先孕生下的孩子，父亲的家庭不认可史蒂夫·乔布斯和他的母亲。想领养他的家庭没有很好的教育背景，考虑到养父养母发誓"把家卖了也一定会让这个孩子上大学"，亲生父母才同意养父养母把他领养了。这样看来，他的人生之路开始得并不顺畅。成为成功的创业者到底需要哪些基本素质和能力呢？这个问题的答案有很多，我想有一条大家能达成共识——成为成功的创业者需要执着得几乎达到"执迷不悟"程度。

和史蒂夫·乔布斯相比，比尔·盖茨的家庭背景要好多了。

比尔·盖茨的父亲是一位成功的律师，比尔·盖茨的母亲除了自己是银行家之外还是银行家的后代，父亲和外祖父都希望他读完大学之后当律师，但他上中学的时候就迷上了计算机，不但一有时间就玩计算机，而且一心想写能够控制计算机的最好的程序。1975年，国际商业机器公司推出第一台个人电脑。比尔·盖茨为此兴奋不已，下定决心要为这台个人电脑编写第一个控制系统、也是最好的控制系统。于是，比尔·盖茨向哈佛大学请了一年的假，跑去找保罗·艾伦，一起为这台电脑编写控制程序。这一去不要紧，此后，比尔·盖茨再也没有回到哈佛大学读书。要离开哈佛大学的时候，比尔·盖茨与父亲进行了一次长谈，他向父亲表示"非得干这件事情不可"，父亲只能同意他尝试一下，结果他就从这次尝试开始在计算机世界里越走越远，最终成为世界上最富有的人。

冒险精神、乐观精神和坚韧的意志

创业是一种冒险行为。创业者在做一件大多数人认为不可能成功的事情，甚至连创业者自己也不知道这件事情是不是能做成功，有可能创业者只是非常"执迷不悟"地在做这件事情。这需要创业者具有极大的冒险精神。

做一件别人没有做过的事情，是非常艰难的，会遇到各种障碍。在创业的路上，多数是雨天，更多的是狂风暴雨。因而创业者必须是团队中乐观的啦啦队队长，时常鼓励团队成员在黑暗时刻看到光明——只要大家齐心协力，问题总能被解决。

创业者还必须具有坚韧不拔的意志，能够不屈不挠地克服眼前的艰难险阻，率领团队乘风破浪地向前冲。

卓越的领导力

创业不是一个人能够完成的。要率领团队向前冲，创业者就一定要用自己的创造力去激发团队成员的创造力，这样才能做出最有价值的产品。因此，在为创业做准备的时候，一定要提高团队建设能力，磨炼出卓越的领导力。

创业者的创业意识

怎么样才能去创业呢？最关键是要有创业意识：首先，是被激励、被激发，或者说是受到启发；其次，在受到启发的前提下，大胆地使用自己的想象力；再次，是去创新、去创造，让自己的梦想成真。这看起来有点抽象，我讲一个故事吧。

埃德温·赫伯特·兰德这个从哈佛大学"退学"的人，是我在哈佛大学工作时的老板。埃德温·赫伯特·兰德在哈佛上大学的时候非常喜欢光学，他在学习光学时知道偏振光有很多特征，他就"执迷不悟"了：偏振光有这么多的特征，我怎样把它用好呢？后来，埃德温·赫伯特·兰德把这个原理用到了摄像机的滤光片上，美国无人高空侦察机上的摄像机就使用了他的发明。

有一个周末，埃德温·赫伯特·兰德带着夫人和女儿到郊外去度假。女儿在山坡上跑，他就给她拍了一张照片，女儿想马上看到照片，他却说做不到。当时的相机都用胶卷，要经过定影、显影等一系列操作才能变成照片。于是女儿就问他："为什么现在不能看到照片？"埃德温·赫伯特·兰德当天晚上就失眠了，一直在思考为什么不能现场即时成片。最终，他发明了宝丽来相机，这种相机拍完照立刻就可以得到照片。

受到女儿一个问题的启发，发明家通过思考和创新把技术发明出来，实际上这就是创业早期的过程。我相信我们身边也有类似的问题，如果我们再深究一下，说不定就能产生一个足以支持创业的发明或创意。例如，研究生可以挖掘一下自己的论文，说不定里面就有可以支持创业的启发，要知道谷歌公司的起点就是两个研究生的论文。总之，要善于从周围的环境中发现创业契机并坚持深入挖掘。

商业模式创新的创业

上面讲的都是男性创业家，世界上也有很多非常成功的女性创业家，她们开辟了创新的商业模式来进行创业。

玫琳凯·艾施就是这样一位女性，她多次被评为美国最佳女性创业者。最初，玫琳凯·艾施在一家家具公司做销售，是公司中最优秀的销售员，但由于性别歧视，她一直没有升职的机会。于是，玫琳凯·艾施愤然辞职，拿着公司发给她的 5000 美元创办了玫琳凯公司，采用一套全新的直销方式来销售化妆品。时至今日，玫琳凯公司在全球拥有最大的销售代理网络，业务遍布全球近 40 个国家和地区，年销售额达到数十亿美元。

第二位女性是创建了 THE BODY SHOP 的安妮塔·罗迪克。有着"喜欢植物"这一爱好的安妮塔·罗迪克，每天都采集很多不同味道的花草放在家里的地下室。她用这些花草来研发带有不同香味的肥皂和化妆品，每做一小批，她就摆到家门口的小街上去卖。卖着卖着，就卖出了现在这么大的一家公司。那安妮塔·罗迪克成功的秘诀是什么呢？因为她坚持保护环境及保护动物的观点，只用天然的植物材料来做肥皂和化妆品，这使得欧美国家有相当一部分人成了她的忠实客户。

第三位女性是奥普拉·温弗瑞。年轻的时候，奥普拉·温弗瑞演过电影，后来，她尝试当播音员，一夜之间走红。美国的三大电视网络都邀请她去做主播，还都开出了几百万美元的年薪，但她没有接受任何一个邀请，而是创办了一家自己的公司，自己做视频，做完之后把内容卖给电视台去播放，这样她就可以控制自己要播的内容了。奥普拉·温弗瑞认为自己对观众的了解远多于电视台的运营者，事实上她也的确吸引了一大批粉丝，据说她的粉丝是比尔·盖茨的两倍。除了做电视节目之外，她还做了杂志、网络等。坐拥如此之多的粉丝，还愁有什么卖不出去吗？奥普拉·温弗瑞也是当今美国最富有的女性创业者之一。

我们看到，这三位女性都用自己的经历和知识，通过商业模式创新打造了非常成功的公司，这种创业就叫做商业模式创新的创业。

创业的社会目标

创业一定是做一项事业，这项事业必须是要有经济效益的，但不是所有的创业都仅仅是为了谋求经济利益，创业还要对人类社会产生积极影响，即创业要有一个社会目标。

创业原因中非常重要的一点是：创业者通过创业的形式，来获得应有的资源，实现改造社会、改变社会的目标。

Coursera 是由斯坦福大学计算机系的两位教授在 2012 年创办的，这两位教授认为最好的知识要通过免费的方式公之于众，于是就做了网络课程这件事情。其实，网络课程在美国已经做了很多年，哈佛大学还专门出资 3000 万美元成立了非营利机构做网络课程。Coursera 是两位创始人用创业的方式挑战名牌大学的非营利机构，在短短不到一年的时间，就有讲四种语言的大学成为他们的合作伙伴。这家公司被评为 2012 年美国最佳创业公司。

创业的过程

刚才我讲的故事中的创业者都是非常成功的。如果大家觉得创业都能成功的话，我们明天就都去创业了，但实际情况是怎么样的呢？我给大家讲一个我本人的故事。

创业的缘起——偶然的激发

2003 年，我在哈佛大学做研究的时候，偶遇一位在硅谷做创投的朋友，受到这位朋友的启发，我到硅谷去创办了一家公司，做微机电产品。当时，美国有世界上唯一的全数字化光学显微镜技术，这是一项非常奇妙的技术。我们就斗胆说："我们有一个可以与这项技术竞争的方法，而且更加先进。"当然，这样说确实是有根据的。我们把竞争优势、技术壁垒、运营模式全部写在商业计划书里，硅谷那些最有名气、最大的风险投资都给我们投资了。

比拿到投资更难的，是做产品

我们真的是凭借两个 PPT、几个报告就拿到了投资吗？并不是的。我们有一项原始创新技术，并获得了相关专利授权。拿到投资之后，我们发现，从实验室技术到真正把产品做出来，这个过程是非常难的。

在实验室做理论研究本身就很难，做产品比研究理论要难得多。在具体实施过程中遇到的问题，不是懂得原理就能解决的，而是要通过一系列的工程优化来实现。尽管如此，一年之后，我们的第一个演示产品还是做出来了。迄今为止，那是我一生中最激动的时刻——把几乎不可能的事情变成了现实，历经艰辛做出来的产品就活生生地展现在我的眼前了！

创业是什么感觉？创业就是每天晚上不想回家睡觉，而是一直干到干不动为止，一定要把产品做出来。这简直是一种魔鬼的力量。这个过程中必然会碰到一系列障碍和困难，屡战屡败，屡败屡战……直到成功为止！这就是创业的过程。

比做产品更难的，是产品定义

两年之后，我们的第一代产品做出来了，这让我们感到异常兴奋。但是一个非常不好的消息也随之而来，我们竞争对手 TI 公司下一代产品的芯片尺寸从 1 英寸缩小到 0.8 英寸。这意味着，所有用 TI 公司芯片的光机投影公司都会因为产品尺寸缩小而把成本降下来，所有光机投影公司都会跟着 TI 公司走。我们的产品怎么办？砍掉！3000 万美元就这样浪费了。当然，我们积累的经验还是有价值的。

原以为，做产品最难，但如此看来，产品的定义才是最难的！如果当初有人提醒一句"竞争公司可能会有规格变化"，也许产品定义的困难就克服了。由此可见，创业不是一个简单的技术行为，我们的第一个跟头就栽在了错误地定义产品上。

比产品定义更难的，是在变与不变之间作出决定

被市场抛弃了怎么办？赶快爬起来，第二天重新设计，这一次要比竞争对手超前一步——这是我个人的一点经验。一年之后，我离开了第一家创业公司，又在硅谷采用全新的模式创建了第二

家公司。现在想来，市场在不断变化，商业模式要不断优化，但是创业公司无论如何不能大大都变，没做完一个产品就变，是永远没有产品的。什么时候变，什么时候不变，确实是一个非常难的决定。

创业永远不会太晚

人们经常会说"生不逢时"。要是出生在 20 世纪的初期，自己也可能会发明量子物理学，甚至可能会拿个诺贝尔物理学奖；要是出生在 1955 年，自己可能也会是比尔·盖茨、史蒂夫·乔布斯。但可惜的是，自己出生得太晚了，错过了一些大事件发展的黄金年代。

我可以告诉你，创业是永远不会太晚的。我们来看一个关于星巴克的故事。星巴克是做什么的？卖咖啡！那么有创造力的美国人从 1700 年就开始喝咖啡，结果喝到了 1972 年才知道还可以这样喝咖啡。因此，创新、创意、创业永远不会太迟。我们再举另一个例子——脸书。谷歌成功之后，我们都认为没有后来者了，谷歌就是网络公司的代表了，那时谁会想到又来了个脸书。脸书 2012 年上市的时候，一夜之间市值将近 1500 亿美元，这比当时谷歌上市的市值高太多了，它瞬间就成为美国第一大的公司。

什么时候适合创业呢？纵观历史，大规模爆发性的成功企业的出现，通常是在技术和社会的变革过程中。计算机从大型机进入小型机时期，出现了微软公司和苹果公司，也出现了戴尔电脑。互联网的革新也带来了一批新的公司：雅虎、谷歌、脸书……

时至今日，我们的国家在创新，我们的经济形态在转型升级，我们的产业在发展，这些变革都为今日中国酝酿着无穷无尽的创业机会。相对而言，当今时代背景下的创业更加需要有真正的创业思维、有真正的科技含量、真正懂得把科技和市场结合起来的人。创业绝非易事，但毫无疑问，在未来一段时间内，会有大批的新型高科技企业在中国这片创业的热土上诞生。

有哪些创业机会

如果你要问："我的创业机会在哪里，我该做什么？"很难有人能明确地回答你的问题。但是有一个原则：如果希望最大限度地获得创业成功，那么你一定要解决一个重大的问题，即通过提供大家非用不可的产品或服务来解决大家的痛点。从中国现在的大环境来看，生态保护、食品安全、疾病治疗这些领域都可以找到创业机会。

我想和大家分享史蒂夫·乔布斯在斯坦福大学 2005 年毕业典礼上的一段讲话。

"你们的时间都有限，所以不要按照别人的意愿去活，这是浪费时间。不要囿于成见，那是在按照别人设想的结果而活。不要让别人观点的聒噪声淹没自己的心声。最主要的是，要有跟着自己感觉和直觉走的勇气。无论如何，感觉和直觉早就知道你到底想成为什么样的人，其他都是次要的。"

史蒂夫·乔布斯用他自己的故事触动了我们每个人的心灵——我们应始终追求而且保持自己的梦想，在任何情况下都不轻言放弃；每个人来到这个世界上都只能活一次，而梦想应是我们生活中最恒久的指引和坚守。

第二讲
创业机会识别与评判

2

王乐武

　　"木屋烧烤"联合创始人；日本三洋北京公司原 CEO；曾任北京大学产业技术研究院创业导师。10 年零售连锁实战经验，曾带领世界 500 强家电企业将北京区域销售额从 2000 万元提升至 3 亿元，增长 15 倍。9 年服务业连锁创业实战经验，将"木屋烧烤"从深圳区域品牌发展到全国连锁，7 年间在北京建立 28 家直营门店，全国超过 86 家直营店面，营业额突破 6 亿元。

这一讲我和大家分享创业机会的识别与评判。我从在世界 500 强企业打工到创业，从心高气傲到最终还是明白——既然创业，就要面对现实并遵守创业生存法则。创业和打仗一样，要在战场上厮杀拼搏才能获得真正的经验和胜利。创业成功，需要哪些条件呢，究竟如何识别创业机会并进行评判呢？

创业的好处

我在创业课堂上做了调查，发现有将近 95% 的学生有创业想法，但有具体创业方向的只有 30%；同时也有具体商业模式的，比例下降到了 10%；有具体创业实施步骤的只有 5%；而开始真金白银投资的只剩下 2.5%。这是一个漏斗，创业课上有 95% 的学生想创业，到最终行动的只有 2.5%，原因何在？

还有一个漏斗，和创业比例漏斗恰恰相反的，让大家知道创业的好处。

基层工作人员日收入 300 元，体力劳动多，创造价值少，财务状况窘迫。中层工作人员，脑力劳动多，创造价值中等，日收入 1000 元到 1 万元，之后晋升难度大，且创造的价值大于得到的报酬，会错失不少商业机会。高层工作人员，脑力劳动多，创造价值高，日收入 1 万元到 10 万元，甚至更多。

请思考一个问题，做到能拿年薪百万的高层管理人员容易，还是创业容易？当然都不太容易。相比较，实际上做高管拿几百万年薪的难度要远远大于创业难度。

不是非得上市、非得 IPO 才叫创业。举个例子，"木屋烧烤"的供应商在 2008 年一天就赚 1 万元。这位供应商连高中都没有读过，貌不惊人，很低调。当时我还为自己在 500 强工作很自豪，这个震撼的信息告诉我：一定要创业。创业不是一定做高大上的概念，实在点儿说，创业是让自己财务自由，打一辈子工，能有一天挣 1 万元的时候不多，但是创业绝对可能实现。

创业遇到的实际问题

创业中实际遇到的问题有哪些呢？

第一，缺钱。房租、人员工资、基础设备都需要开销。以目前的创业行情推断，在北京开办一家公司，30万元是起步价。

第二，没方向。方向太多，选择太多，导致了找不到创业的精准方向。

第三，没有管理技能和经营思维。管理人力与做研究、做课题都是技能，需要学习和锻炼。经营初创小型企业的重要因素，是管理者能够想到可以赚钱的方法，持续赢利。缺失管理技能和经营思维，盲目创业会血本无归。

第四，创业起步必须有商业机会。怎样找到一个机会来创业呢？怎样识别它是一个商业机会呢？在这里要特别强调"商业机会是塑造出来的"——不是说创业者找到一个想法就可以去创业了，创业者还需要研究怎样把这个想法变成一个商业机会。一开始创业者看到的可能只是一个影子，还需要通过某种方法把这个影子变成一个真正可以创业的机会。

创业的过程分为以下四个步骤：

第一步，寻找创业机会。发现痛点，或者发现解决问题的方案，进而认定产品和市场，即认定"准备做什么"。

第二步，找到赢利模式，从而组建一家创业公司，把产品或服务销售出去并实现赢利。

第三步，整合资源。在寻找创业机会的时候，可以不管有没有资源，但这并不是说创业不需要资源，而是说不要用资源束缚自己。有了好想法、好团队，就要找到资源并将之整合起来。

第四步，执行。要知道怎样用最快速度去做，怎样避免走弯路或怎样用最快的速度纠正错误。做好执行是有一些具体技巧的，例如，了解公司相关法律法规、知识产权、财务等基本知识。

商机

商机的定义和来源

商机是创业者发现和塑造新经商机会。其中，"经商"和"机会"是理解"商机"这个概念的两个关键词。

"经商"即以某种产品或服务来切入市场，换取利润。换言之，创业是一个商业行为，一定要以交换产品或服务来获取利润，一定要与市场发生关系。

"机会"则有两种可能性。第一种机会，是指你有洞察力，发现别人不知道的机会。洞察力再加上创意和想象力，成就了创造力。正如史蒂夫·乔布斯做出了和别人不一样的计算机、平板电脑和手机。第二种机会，是指"并非没有被发现，而是没有被广泛认可"的想法，当然，不管是未被发现，还是未被认可，都需要有充分的创意和想象力，这个非常重要。

商机从哪里来呢？概而言之，商机有四个主要来源。

一是从宏观角度看，市场对性价比更高的商品有源源不断的需求，人类对衣食住行总会有新的追求和需求，这就提供了商机。只要创业者提供的产品或服务比市场上已有的更好，消费者就一定会购买。

二是社会发展会导致新问题产生，社会亟待能够解决新问题的新方案。改革开放之后，中国发展速度非常快，也带来了一些新问题。实际上，每个问题都是一个机会，问题越多意味着机会越多，问题越大意味着机会越大。因此，不要害怕问题，养成思考问题、解决问题的习惯，培养创新和创意的思维，总有一天会发现，创业的机会来了。

三是技术创新、产品创意导致新商品诞生和生产力的提高。只要创业者能改善技术、提高生产力，市场一定会接受。就技术创新、产品创意而言，专业人才用自己的科研成果去创建一个新的公司是最理想的。因为，技术创业的门槛最高，只有某个行业的专家才能做到，并且别人难以复制。

四是商品交易模式不断地迭代更新。例如，电商这种新模式，把技术和传统商业行为进行了一种重新迭代或替换，从而产生了一大批创新公司。

在任何时期，上述四个来源都存在，这意味着，商机永远存在。因此，不用觉得自己生不逢时，总会有人创造出更加成功的公司。

产生商机的重要因素

商机每时每刻都有，但是，只有在一些特定的时期，才会有一批商机井喷式地爆发。那么，是什么关键的因素导致了这种井喷呢？

从宏观环境因素来看，技术变革、社会变革、政治变革、经济变革、文化变革这五大变革，通常会造成井喷式的商机出现。

第一，技术变革的影响。20世纪80年代，集成电路、芯片技术出现了，同时还出现了代工这一全新的商业模式，带动一批科技企业的发展。在芯片之后，出现了中央处理器、个人电脑、微软公司与苹果公司，硬件带动了软件的发展，软件又促进硬件的发展，这就是20世纪90年代的个人电脑时代。此后就是互联网时代，互联网造就了电商交易、社交平台等创新的商业模式。显而易见，每一项技术变革都带来了一种井喷式的商业模式创新。

第二，社会变革的影响。中国曾经施行过很长一段时间的独生子女政策，市场随之衍生了"独生子女经济"。曾经每个家庭只有一个孩子，孩子不能输在起跑线上，从而创造了一个新教育市场；全世界面临的老龄化问题，也催生了一系列与健康保障或服务相关产业的蓬勃发展。

第三，政治变革的影响。在新中国成立初期，中国政府不允许私营企业的存在。改革开放之后，民营企业的发展对中国经济发展起到至关重要的作用。国家政策对市场影响很大，一个新政策很可能会导致一大批新商机出现。

第四，经济变革的影响。人们的收入提高了，暂时用不着的钱除了存款之外，还会进入股市买卖证券、基金等。于是，一大批证券公司、基金公司就此发展起来了。人们还有可能去买房，房地产及相关家装、家具、家电等产业因而繁荣起来了。

第五，文化变革的影响。在中国，过去儿女只有和老人一起住才是孝顺；现在，社会文化接受了老人与儿女分开住这样的现实。老年公寓这种创新的商业模式被广泛接受，专门针对老人的教育、健康、营养等一系列的商机应运而生了。

总之，每一次重大的宏观环境变化，都会导致商机井喷式地爆发，而且这种爆发会持续相当长一段时间。

在宏观环境发生了变化之后，对于个人而言，怎样从微观上来激发商机呢？

第一，要有洞察力，能够想象出一个充分吸引消费者注意力的新产品或新服务。

第二，要采用颠覆性技术，可以拿着这项技术去和别人竞争同一个市场。

第三，要关注产业趋势，先分析行业发展的下一步需要什么，再创造一个新产品或新服务。当然，这可能意味着等待。

第四，找到未满足的需求，这是商机最直接的激发点。换言之，从创业者的角度去看问题，问题就是机会。

塑造商机

塑造商机有发现—分析—塑造三个环节。发现一个可能的机会；分析这个可能的机会；针对这个可能的机会，先把核心抽出来，再把其他元素加进去，从而将之塑造成一个可以创业的机会。具体操作步骤如下：

第一步，要找到与问题相匹配的答案。发现一个好的问题，进而找到一个创新的解决方案。在这一过程中需要弄清楚这个解决方案到底有没有创新，竞争优势在哪里。

第二步，要把问题解决方案转化成一个产品或服务，只有能转化的商机才是一个好的商机。这是因为，问题解决方案本身是不可以作为商品的，只有产品或服务才是商品。要大胆思考"到底什么样的产品或服务会迭代市场上现有的产品或服务"，这样思考的结果才能更容易切进市场。

第三步，思考产品或服务有没有可拓展性。只有拓展了市场，才能找到资本合作，才能做大做强。如果卖产品，需要做产品销售，并建设销售渠道；如果做服务，就要建服务团队，或采用外包、加盟店等方式。总之，在创业之前，要大胆去思考一个可以拓展的模式。

商机评估

塑造商机的工作完成了之后，还需要对商机进行评估，可以从以下六个方面来评估商机。

一是评估价值创造。问题解决方案创造的价值够不够高，消费者是否认为这个产品或服务有价值？这个方案解决的问题是不是痛点，是弹性需求还是刚性需求？例如，空气污染问题就是一个很"痛"的痛点，应对空气污染的产品或服务是非常大的刚性需求。

二是评估市场和时机。要对市场规模进行评估，避免做一个很小的市场。如果市场规模很大，那么从中分取一小部分也能很快成功。判断切入市场的好时机，其实是最难的。没有一个特别颠覆性的技术或模式是很难切入市场的，或者要花很长时间才能切入；即使最终顺利切入，也可能会发展得很慢。

三是评估利润和拓展性。首先要判断这个商机是"蓝海"还是"红海"。"红海"就是用低价战术切入市场，通过"赔钱赔到一定程度"来把竞争对手击垮，垄断市场之后再提高价格以获取利润，这种方法不是获取利润的最好方法，但有时候是不得已而为之。"蓝海"就是提供一个消费者认可的商品或服务，虽然价格高一点，但是吸引力很强大。其次要判断增长模式是线性增长还是指数性增长。线性增长意味着每做一件事情都必须投入同等比例的人财物等资源。例如，传统出租车企业，每台车辆配 1 到 2 位司机，每天的收入与利润大致是固定的，如果企业要扩大一倍，就必须有多一倍的车辆和司机。而优步采用共享经济模式，虽然不拥有车辆和司机，但是建设了一个约车软件平台，以吸引有车一族依托这个平台来载人赚钱。当约车软件平台的使用人数和利润呈指数性增长时，优步并没有做指数性投入。这是最好的商业模式——投入不再增加，但是市场不断在增长。采用这种商业模式的企业，也是最容易拿到风险投资的企业。

四是评估准入门槛。评估自身的竞争优势在哪里，是否受到专利的保护，是否受到政策法规的保护。开发一项准入门槛较高的技术，采用一个有专利保护的技术，或者悄悄地创造一个新的商业模式，做大了再让别人知道。

五是评估资源。判断获取资源的能力够不够强，合作伙伴是否给力，资金需求是否大，能否说服投资人给足够的资金创业。

六是评估团队。是否有一个能把这件事情做好的团队，是商机评估六个方面中最重要的。这包括有没有合适的伙伴能够同呼吸、共命运，是否有合适的导师能够提携或帮助。

商机筛选的一个基本办法，就是在六个方面的商机评估中至少有一个方面非常具有优势，经过上述评估，估计 90% 的商机都会被砍掉。事实上，绝大部分初创企业是以失败而告终的。正是因为创业非常艰难，所以在起步时绝对要严苛地分析商机，但是也不必因此而裹足不前。对于融资金额较少的项目，投资者可能更关注技术创新或模式创新；当融资额度逐渐增多，投资者才会综合六个方面来评估。必须强调的是，在创业实践中，既要比较全面地看问题，又要抓住每个阶段的重点，例如，在起步阶段，创业者在团队与创意这两个方面必须加强好，可以稍后再完善其他各方面。

创业机会的识别与评判十大法则

一、利用"大众法则"找到创业的具体方向

开饺子馆和咖啡厅，哪种商业模式利润更高？

这两种商业模式的核心是卖"时间＋空间"，一个是横轴，一个是纵轴。空间的突破，时间的拉长，是一个好商业模式。空间的突破有很多种方式，如线下门店、线上外卖平台、门店外卖、超市代售等；时间的拉长是让每一分钟都赚钱，延长营业时间，甚至像麦当劳和肯德基一样 24 小时开放，让顾客形成身体记忆。

回归到饺子馆和咖啡馆商业模式的问题，这里要提到一个词——"大众法则"。问及个人消费，部分消费者每年消费饺子多，另外部分消费者每年消费咖啡多，但是当把这个尺度放到整个北京、整个北方、整个中国，那么是吃饺子多还是喝咖啡多呢？

从需求的层级上来讲，一定要知道三个概念：必要、需要和想要。必要是第一步。在中国，相信在未来的几十年里面，饺子的需求量要远远大于咖啡，这是中国人的饮食习惯。创业，一定要服务大多数人——最好是提供每天每个消费者都用的产品。

巴菲特的投资原则是：自己不懂的不做；做大众每天用的。什么叫每天用的？就像巴菲特投资的对象：可口可乐、汉堡王、亨氏辣酱，还有男人刮胡子要用的吉列剃须产品等。

符合大众法则的品牌还有好多，例如便利店中的
7-ELEVEn，不光是利用大众法则圈定客户群体，还充分
利用空间提高坪效。

总结来说，创业者个人可以喜好个性产品，但创业时选择的
品类一定要遵循大众法则，这是创业的第一步。

二、让客户对产品上瘾，产生身体记忆

能让消费者上瘾的产品都能牟取暴利，比如电子游戏、烟草
等。当然，这两种都是不好的"瘾"。抛去其中的弊端不谈，接
着看什么叫"产生身体记忆"。

味觉就是一种身体记忆，酸、甜、苦、辣、咸，大家一定都
有记忆。猛一看，这些好像都是常识，但在创业的过程当中它就
有特殊的意义了，能让消费者在味觉上产生身体记忆的东西都是
刚需，是"必要"那个层级的。所以要在食品类做创业，一定要
"切"那块带身体记忆尤其是味觉记忆的"蛋糕"。

嗅觉也是一种身体记忆。提到这里，大家一定会想到面包店
的香味，这就是嗅觉上的记忆，还有一些五星级酒店的大堂也有
独特的香味，借此来稳定自己的回头客。很多人也会对某种香水
的味道形成强烈的身体记忆。

利用身体记忆的终极杀招叫"卖感觉"——这个产品给消费

者什么样的感觉。听起来似乎很不好懂，举几个例子说明。例如，消费者端着一杯星巴克咖啡在写字楼里面晃来晃去，就觉得很有范儿。为什么？星巴克卖的不仅仅是这一杯咖啡，它卖的还有感觉。日本的社会压力大、节奏快，很多人下班之后还要面对家庭给予的压力，只好假装加班，居酒屋就给消费者提供了一个处所，可以打发下班之后又不想回家的这段时光，东西不贵，菜的品种也不多，但重要的不是去那里吃什么、喝什么，而是在那里可以找到一种宣泄压力的感觉。有些人深陷游戏、直播，也是因为在那里面能够找到感觉。很多产品的广告也是利用人们的身体记忆卖感觉，喝了某某山泉觉得"有点甜"，喝了某某矿泉水似乎也与圣洁的高原有了关联。

三、优化比创新更容易成功

优化就是在原有的基础上升级完善。创新是打破原有的思维方式和现实主体，重新塑造价值。这里不是讨论优化和创新哪个更好，也不是分对错，只是讨论哪个更容易创业成功。举个例子，把地摊烧烤升级到烧烤店是不是一种优化？城管管制、地摊环境、不明食物加上地沟油，没有食品安全，这是地摊。升级到"木屋烧烤"，有店面、有食品安全、有中央厨房……是不是一种优化？再举一个创新的例子。必胜客在 2001 年就开始了宅急送，他们用了十几年来培养外卖市场，直到最近几年，外卖产业才随着移动互联网的发展火爆起来。

所以我们能看出来创新和优化哪个更容易吗？一定是优化。创新当然很好，创业者有创新思维，然后产品一出来就是刚需，并符合"大众法则"。但是，这种机会不是很多，而生存永远是创业者的第一步，选择优化会更容易。

四、充分利用"人性的商机"

商机可以利用的人性有好吃、贪财、好色、懒惰、妒忌，等等。好吃——微信朋友圈每天很多人晒吃喝；贪财——要生存、要生活，就得赚钱；好色——这个不用回避，美图秀秀、化妆品都是因好色而来的商业机会和商业模式；懒惰——就更不用回避了，外卖和便利店等做的就是懒惰的生意，很多发明的潜动力也是因为懒惰；妒忌——人群社交中难以避免的攀比心也促生了很多商业机会，别人有的我也要有，有了之后还想要更好的，这样就促进了旅游业、汽车产业、奢侈品产业的发展。

五、要懂得玩类金融

什么叫类金融？举个简单的例子，储值卡兑现服务，消费者需要预先存付一定金额到商家的账户，商家可以使用这些预存投资其他项目，哪怕仅是在银行存定期，积少成多的利息也很可观了。如果你有这样的卡，那毫无疑问，你被"类金融"了。容易做成类金融的公司排名第一就是教育，比如培训班要先交学费。第二个是健身房和美容院，也鼓励消费者先拿钱办储值卡，再提供服务。第三个是超市和商场的购物卡和礼品卡，去超市买1000元的储值卡，一花花好长时间，有时还弄丢了，平均下来到最后有20%的额度都没花出去，这些都是超市和商场的纯利润。第四个就是餐饮，开一个餐饮店，有500个人办储值卡的话，基本上前期投入就全部收回了。

六、要靠系统赢利

请大家思考一个问题：创业的话，是开一个百年老店，还是做一个有100家连锁店这样的企业？这个问题很关键。赢利有两个阶段：第一个阶段是靠体力赢利，创业者"人"必须出现在现场；第二个阶段就是靠系统赢利，创业者"人"虽不出现在现场，但是整个系统还在运转。开百年老店就是依靠创业者的体力赢利，而开连锁店就是依靠系统赢利。这里我们不讨论哪个好或不好，创业者需要思考"依靠什么赢利"。

靠系统赢利，基本上都会比靠体力赢利要多，而且最终一定会靠钱赢利，靠钱赢利是任何一个行业走到制高点的最终模式。

七、要想创业，先会就业

直白一点说：不能就业，就别创业。如果一个人连就业的机会都没有，就不要创业。创业需要什么？首先，拥有一些资源、专利、发明或某种商业模式。其次，要有彼此信任的同伴。而没有就业过的创业者，不光缺少资源，也缺少同伴、历练、见识和眼界，片段式思维无法构建成全面系统的创业认知。大家可以先找到一个机会就业，用别人的投资和商业模式，尝试锻炼自己的能力，思考自己能把创业项目做到什么程度。如果在已经成熟的平台上，还很难做好，那就不要考虑创业了，其实不是所有人都适合创业。

八、要找到合适的伙伴组建团队

创业不是一个人的奋斗，一定要找与自己互补、有同样愿景的人搭建你的团队。而且，创业不仅仅为了赢利——能赢利的工作很多，不是非得要创业，创业是要搭建一个可以自动赢利的系统。一定要组建团队，把自己从体力劳动者转化成脑力劳动者，把用体力赢利转化成用系统赢利，然后最终转化成靠钱赢利。

九、一定要控制资源

什么叫控制资源？权力、金钱、人脉等都是资源，甚至外貌也是一种资源。什么叫核心资源？用房地产举例子，在房地产整个大行情不好的情况下，北京国贸和河北燕郊的房子，哪儿下跌得厉害？一定是边缘地区的燕郊房子。而当行情恢复的时候，哪儿恢复得最多？一定是核心区的国贸。所以要判断清楚自己的资源中哪些是更有价值的核心资源。控制多少资源就决定能赢利多少。

十、随时复盘，不断优化和创新

实现赢利才是对奋斗者最好的奖励，所以要随时复盘，不断优化、创新和打磨迭代商业模式。要不停地追问：假如别人也来投资这个创业项目怎么办？创业竞争对手的创业背景也像我的怎么办？这样才能不断地推进升级和优化商业模式。

第三讲
撰写商业计划书

3

王昆

葡萄创投创始人兼 CEO；中国创客联盟理事；中关村京津冀创新创业论坛副秘书长；《经济》杂志社全国大学生创新创业大赛导师；曾任北京大学产业技术研究院创业导师；多家孵化器、加速器、创投平台创业导师，多家地方政府双创战略合作伙伴。

商业计划书的重要性

首先明确一个问题：商业计划书是写给谁的？给投资人。你通过商业计划书从投资人那里拿到投资，首先要了解投资人关注什么。他们关注的核心点有三个：

第一个是市场赛道。你的项目属于教育、餐饮、文娱、科技还是其他赛道，这个赛道的市场多大，客单价多少，客户数量怎样，生命周期多长，消费频次高还是低。如果估算出市场不大，投资人是不会关注的。

第二个是团队，主要关注头狼具备的能力。比如，初创公司一共有十个人，三个人持有股权，其中一人拿了70%至90%的股权，那需要关注这个大股权持有人身上有哪种能力，他的能力是否符合这个赛道竞争的本质。

第三个是商业模式。商业模式包含两个内容：一是用户模式，二是赢利模式。所谓用户模式，是指你怎么获得第一波用户。讲一个流量明星鹿晗的案例，他在微博上说有了女朋友，导致新浪微博宕机。如果要去创业，他的用户模式是什么？很简单，他在新浪微博发一条消息，说他开了一个火锅店，他的粉丝就会全都来消费，这就是他的用户模式。换作一位普罗大众去创业，你的用户模式是什么，你第一波用户从哪里来？你可以认为是你的朋友圈，也可以通过熟人推荐，也可以是你手机里面存的联系人的信息，那就是你的第一波用户来源。

那么赢利模式又是什么呢？赢利模式指的是你赚钱的方式。2008 年左右，淘宝发展已如日中天，但为什么还会出现京东？要是互联网行业符合我们的 721 法则的话，行业老大已经出现了，为什么行业老二还能长得那么快？因为他俩的赢利模式不同。淘宝是卖店的，搭了一个台子，店主开店，他收店主的钱，而京东是做直营卖货的，两种赢利模式不同，所以京东能与淘宝共存。

再举个例子，同样是两块饼加一片肉与一片白菜，中国人把它卖成肉夹馍 15 元，美国人把它卖成汉堡包 38 元。所以商业模式不同，赢利的模式也不同。我卖的话会这么卖：肉夹馍不收钱，但收会员费。我赌消费者一个月 30 天，其中有 15 天早上 8 点到不了店里领肉夹馍，这叫健身房模式。还有一种卖法：肉夹馍还是免费，也不收会员费，但是消费者必须每天 8 点来店里吃饼，且要坐够半个小时，看我店里的广告，消费的是消费者的注意力。以上例子便是不同的赢利模式。

以上是投资人关注的核心点，接下来分析投资人的投资逻辑。

首先，投资人买你是为了卖你。什么叫作"买你是为了卖你"，市场上有很多投资人，看你能力不错投给你钱，而他跟你的关系是陪你走一段，然后直接退出，比如，他在种子轮投你 50 万元，在天使轮你变成 200 万元的时候，他就赚取四倍后直接退出。记住，买你是为了卖你，所以说你要想清楚他退出的思路。

其次，投资人不投生意。如果说你的事业是一个线性增长的商业模式，他们是不投的，他们喜欢的是开始的时候不怎么赚钱，但一旦赚钱的时候是呈指数级增长的。什么叫指数级增长？比如亚马逊的创始人贝佐斯，在 14 年前给他的投资人直接说，他做这家电商前 14 年一分钱不赚，就是往里面砸钱，但是第 14 年末的时候他会开始赚钱，而且是一年把前面 14 年赔的钱全部赚回来，第 15 年赚得更多。这就是指数级增长。所以说资本不喜欢一个稳定的增长，它喜欢的是风险，但是这个风险和收益绝对是成正比的。

商业计划书的七个内容

产品介绍

什么是产品介绍？一些公司路演，一共 8 分钟，CEO 演讲 5 分钟，虽然全是高大上的词，但大家还是不知道他的初创公司是什么样的，因为他没有讲清楚这个公司所在的赛道、品类、核心是什么。记住，要明确你的定位也就是你的赛道是什么，你的赛道可以说明竞争的本质是什么。所以，产品介绍，就是一句话说清楚你的定位，自己是谁，做什么产品或服务，竞争能力是什么。

市场分析

市场分析的核心是要知道你所处的赛道有多大。

首先，要确定所在赛道的目标用户数，也就是客户的数量。其次，确定产品的客单价是多少。再次，要计算客户在生命周期的消费频次。用客单价乘以消费频次，乘以生命周期，再乘以客户数量就是你的市场。

大家还会问，计算市场大小的数据从哪里来？首先，找权威数据机构的数据，比如国家统计局、艾瑞咨询、易观国际、CNNIC（中国互联网络信息中心）等；其次，还可以关注一手的行业信息，比如今日头条、一点资讯、氪指数、相关精选公众号等；再次，就是创业者自行的调研，与一些行业内的人士沟通交流，也可以拿到一些比较靠谱的数据。

需求分析

商业计划书里最核心的内容就是需求分析，需求分为刚性需求和非刚性需求（或者叫伪需求）。大家要记住下面这句话：所有的商业都从刚性需求出发，但是市场上 99% 的创业者都把刚性需求重新定义了，或者说他做的是伪需求。

什么是刚性需求？刚性需求是特定人群在特殊场景下的优先需求。比如说一个宅男，在家里的电视上看《复仇者联盟》，20 分钟之后停止播放，跳出一个二维码，提示扫码支付 8 元可以完整观看，而去电影院观看需要支付 80 元，这就是刚性需求，它满足了三个特征：特定人群——宅男，平时只喜欢待在家里；特殊场景——在家里已经看了 20 分钟电影；优先需求——他有两个需求，支付 8 元钱立刻观看，或支付 80 元钱到电影院观看。所以，所有的产品谈需求都离不开场景。

再看一个例子，为什么现在便利店能成为刚性需求？因为现在中国的大部分女性在工作，当男人和女人都有工作，回去做饭的时间就少了，这个时候便利店产生了，下班之后小两口去便利店买点熟食之类的就可以搞定晚饭。这是一个消费场景，要是没有这个场景，便利店是火不起来的。

那么与刚性需求相关的还有两个比较重要的指标，即强度和频次。所谓强度，即在某一个场景中消费者需要它的紧急程度。比如前面举的那个例子，那位宅男必须把《复仇者联盟》看完，这就是强度。又如，消费者剪头发的时候理发师会推荐会员卡，在这个场景中办卡会是一个比较优先的选择。办了会员卡这次剪发能打折；而且以后剪发都可以打折，如果不办卡的话，现在和以后都不打折，所以办卡强度比较高，消费者在这个场景中会更倾向于办卡。

我们再来看一下频次。你们有没有下载过"探探"这个手机 App？如果用了没多久，你觉得没意思卸载了，之后一周之内它会给你发一条短信："嗨！张三，你的手机通讯录里有三个女生在暗恋你。"你没理。又过了两天它又发了一条短信："嗨！张三，你周边两公里以内有五个女孩子在偷偷地喜欢你。"如果"探探"每天给你发一次短信，你绝对会在某一次把这个 App 重新下载。这就是当强度不够的时候，用频次反复唤醒目标客户。

在刚性需求的市场上很难创业，因为大部分刚性需求的市场让百度、阿里、腾讯等巨头占领了。所以大家要探索如何在非刚性需求的市场中去创业，这里有两个思路：一个是缩窄人群，提高强度；一个是提高频次，反复唤醒。

先来说什么是缩窄人群？就是把大众缩窄成小众。当年李宇春参加超女，她的粉丝不多，但是非常铁杆，粉丝们用自己和家人的手机给她投完票之后，还打电话让身边认识的亲朋好友全部都投票，认识的人投完之后还不够，在去演唱会的路上打出租车，给司机加一块钱，把司机的手机拿过来也投票。这便是缩窄人群，提高强度。所以，选择一个创业方向，首先在细分领域里一定得是发烧友，否则做不好这个创业项目。

再说高频次，反复唤醒。王老吉就是一个典型。你每次吃完火锅嘴上起泡，可乐、雪碧解决不了，只有王老吉可以，它的本质是构造特定的场景，通过不断的文案宣传"怕上火喝王老吉"对客户需求进行唤醒。

刚才说的都是真实需求下的创业思路，接下来解析伪需求。伪需求的特点是低频且客单价不高。一个朋友开了一个初创公司，专门为白领家庭提供月子服务。他提供专业的护理师，24 小时陪护，还配备 3 个技工，为产妇疗养、配餐、做饭等。那这个需求存在吗？存在，但是我们称之为伪需求，因为他一个月向一个用户收 30000 元，每一个用户配备 4 个人，其中专业护理师 1 个月薪资 15000 元，其他 3 个技工一个月工资合计至少 10000 元，再加上服务费、管理费、售后等，最后创业者自己赢利的很少。

再举一个例子，2014 年有一款恒温奶瓶的产品，也是一个伪需求。我问创业者产品怎么使用，他说奶瓶上面有一个二维码和一个 USB 插口，用户在手机上扫码下载一个 App，通过 USB 插口给奶瓶通电，在手机 App 上设置奶瓶保温的温度，价格是 188 元。市场上没有这个品类的产品，因为这个是伪需求。首先，价格太高；其次，小孩每次喝奶是有定量的，奶粉冲好后一次就喝完了，不需要恒温；再次，操作太复杂了，要让用户下载 App，还要带数据线，带孩子出门还需要带充电宝，很不方便。

VR 看房也是伪需求，用户绝对不会看完虚拟的场景就付费买房，他们要看实际的样板间，要眼睛能看到，手能摸到。其他还有上门按摩、上门美甲、上门洗车之类都是伪需求。

商业模式

商业模式的本质核心是用户模式和赢利模式，就是怎么获得用户和赢利。360 杀毒的赢利模式是什么？它不是靠杀毒软件赢利的，它的商业模式是通过免费杀毒软件获取足够量的用户群体，当 90% 的 PC 端用户都安装了 360 杀毒软件后，360 直接推送 360 浏览器给用户，当用户安装使用了 360 浏览器后，百度、腾讯、美团、今日头条想要做广告，一年需要支付 2000 万元给 360，否则他们的广告就送达不了 360 浏览器的用户，这就是 360 的赢利模式。

竞品分析

当你进入一个赛道之后，要做的第一件事情是要知道市场是否有需求，一旦确定有需求之后，就要知道有几家公司在做这件事情，把这几家公司找出来做深度分析，研究清楚你跟竞争对手的差异，了解竞争对手创立时间、创始人、核心竞争力、核心骨干、资源优势、上一年的销售额、融资情况、增速对比、技术壁垒等一系列指标。找出前三家竞争对手，按上面所说的一系列指标画出表格，分析自己的优势和核心卖点，没有核心卖点就没有竞争优势，就不要干这个事。

竞争分析里面的核心点是要争夺市场第一。比如烧烤店商，想要在烧烤细分领域成为全国第一，那么需要分析现在的第一是谁，找到他的致命弱点，也就是他在用户需求方面的重大缺陷，才能有机会。那么什么是用户需求方面的重大缺陷呢？举个例子。

2008 年左右，暴风影音从众多的播放器软件中脱颖而出，因为它解决了用户的核心需求。当时用户使用播放器时，总有某种格式的文件播不了，这就是用户需求方面的一个重大缺陷，于是暴风影音对这个缺陷进行了填补，下载暴风影音会带一个解码包，用户把解码包安装好，市场上的所有视频全部能播放，这就是满足了用户的核心需求。

所有的创业者都需要看清楚，这个市场里面第一名的产品有没有满足用户的核心需求，没有满足的话你就有机会成功，否则的话你千万不要去 PK。

核心团队

创业阶段的企业一定是独裁式的，不是民主的。创业是需要心服口服地跟着创始人拼搏的，这是创业之前应明确的规则。创业方向的对错不是关键，但是如果合伙人无法扭成一股绳，即使是对的也做不成。所以这里面有两个挑战，一个是 CEO 能否管住合伙人，另一个是合伙人是否有理性，知道舍弃小我，成全组织的大我。

建立创业团队要注意以下几个问题。

第一，团队不能没有老大。三个人合伙创业，需要有一位主持工作，起到领袖作用，这样才能达成统一意见。

第二，不能和不熟悉的人创业。根据统计数据，两个渠道找到的合伙人比较靠谱：一个是同学，另一个是和自己工作了两三年互相了解的同事，或者是上下游的合作伙伴。比如我是大厨，你是餐饮后端做供应链的，能够经常沟通交流，配合工作。最不稳固的是随便在咖啡馆认识一个张三，便开始合伙创业，因为隐性的问题绝对是在长时间的沟通交流和磨合中看出来的，没有半年的时间磨合不要轻易跟一个人合伙创业。

第三，不能和背景过于接近的人合伙。假如你们三个人都是做技术的，这样不行，你们没有用户思维，缺乏其他必需的创业能力。

第四，合伙人的年龄差距不要超过 10 岁。一个朋友是 1989 年生人，他的合伙人是 1978 年生人，最后创业公司无法进行下去。因为 1978 年出生的合伙人，在北京有不动产、有车，要做自己喜欢的事情，证明自我价值，创业公司是否赢利他认为没有关系；但对于 1989 年出生的合伙人来说，大学刚毕业需要赚钱。他们的起步不一样，导致诉求点与目标不一样，所以也是无法合作下去。

财务规划

财务规划首先要考虑何时融资。在创业团队具备实现创业核心竞争能力的时候，才是最好的融资时机。比如 IT 耳朵这个科技媒体，在北京开了一场上千人的科技峰会论坛，参与峰会的嘉宾有李峰、王刚、李开复等人，这场会开完之后立马融资，这就很有把握，因为这个时候市场的资本与媒体全都知道你了，你的议价能力非常高。

这里我想和大家分享一个实用的说服投资人的方法。比如创业者卖水杯，想出让 10% 股权融资 200 万元，那么该如何说服投资人，让投资人相信这个项目值 2000 万元估值？应该这样说："王总，我们做的是杯子的细分品类，这个品类红杉资本、经纬资本等几家公司都在关注，其中经纬的张总最近正在布杯子这一块的局，但是张总不看天使轮的项目，他看的是 A 轮的项目。那么想要让经纬的张总看这个项目，也就意味着我必须成为 A 轮，他要求我在这个市场上用 6 个月的时间销售 10 万个水杯，然后通过递推的方式卖出去，这意味着只要有在 6 个月内卖出 10 万个水杯的数据，张总接下来肯定会投我。"这个逻辑是：你投我，我可以帮助你找到下一个接盘人，循序不断直到上市。创业者绝对要讲清楚接盘的人是谁，而且要把接盘的思路讲透。同时创业者要讲清楚做这个项目需要在这 6 个月里需要多少资金来运营和发展。投资人一听这 200 万元花得还挺有希望，投的可能性就很大了。

商业计划书的八大禁忌

以上七点就是商业计划书需要包含的内容，接下来讲一下商业计划书撰写的八大禁忌。这是我从接收到的上千封商业计划书中总结出来的。

第一，要用 PDF 文件，不要大于 5M，不要压缩，不要群发。

第二，页数控制在 8—15 页，文件使用的颜色不要超过三种。36 氪在 E 轮融资时商业计划书没有超过 8 页。

第三，不要全用文字，需要包含自己分析解读后的数据与图，不要直接搬用别人的数据。

第四，不要发誓，不要讲情怀。投资人是理性并讲逻辑的，甚至是冷血的，不会为创始人的雄心壮志而投钱，投资只讲回报率。

第五，不要给你的商业计划书取奇怪的标题。标题里面包含时间、公司、融资的轮次就可以，让投资人一目了然。

第六，不要谈平台。平台是种子种出来的，平台的本质是规模效应，最保守地说，你的平台用户 C 端量没有达到 200 万的时候，不能称之为平台。

第七，不要谈只缺钱。要谈你有一定能力支配得起这些钱，一定有能力融资到这些钱。

第八，不要谈没有对手，不要用晦涩难懂的专业术语，表达不要拐弯儿。比如我问你是干什么的，你说你在宇宙中心的一个开放式办公场所，应用先进高分子材料薄膜技术帮助用户解决移动端设备的痛点问题，其实你就是在北京五道口给手机贴膜的。

投资人关注的七点内容

下面再来了解一下资本比较关注的几个点。

第一，市场大不大，增长快不快；

第二，产品好不好，逻辑顺不顺；

第三，数据涨不涨，指标硬不硬；

第四，模式有没有，收钱行不行；

第五，团队齐不齐，老大强不强；

第六，融资多不多，价格低不低；

第七，你自己为此付出了什么。

这几点很容易理解，其中"你自己为此付出了什么"最重要，如果创始人在这个项目上把自住的房子都抵押出去了，贷了300万元，投资人就会给你3000万元，因为你已经破釜沉舟了，投资人肯定看好你。换言之，如果你既要拿高工资，而且自己什么风险都不愿意承担，投资人是不会投你的。

那如果有机会和投资人当面交流，需要注意以下几点：

首先，要围绕"这个市场非常大，我的团队能力非常强，我可以帮你赢利"这三个核心去讲，其他都不用多讲。

其次，交流的时候语言要注意，要有激情，要坚定、执着，并且简洁清晰，要会用数据说话，不要夸大其词。

最后，清楚投资人的潜台词。投资人跟你聊了一个小时，还是不想投你，常会委婉拒绝，说一些冠冕堂皇的话，比如：你们团队很优秀，但这个方向我们看不懂；我们可以考虑下一轮，你的项目阶段还比较早；方向挺好的，等你们积累点数据我们再看看吧；三个月前，要是我碰到你这个项目，我想都不想就投了；寒冬来了，我们投资会比较谨慎；你先找好领投，我们愿意跟投，等等。这些话的潜台词就是你这个项目不行，我不想投你。

靠谱的融资渠道

第一，找朋友推荐，机会比较大。

第二，找专业的 FA（Financial Advisor），也就是第三方专业投融资机构。

第三，发送BP(Business Plan)。要事先了解，仔细准备，换言之，就是你发送 BP 前一定要把功课做到位。

第四，路演，但是不要沉迷于路演。

以上是我在多年投资工作中总结出的商业计划书的核心内容、商业计划书撰写应注意的事项、投资人关注点以及对融资渠道的一些意见与建议。希望各位通过阅读与消化，对撰写商业计划书有一个全面的了解与透彻的认识。

第四讲
产品、客户与市场关系

4

陈荣根

创客总部合伙人；北京大学校友创业联合会副会长；北京大学数学校友理事会理事；中关村高端领军人才、科技部评审专家；曾任北京大学产业技术研究院创业导师。2013 年创建创客总部，专业从事对高校和科研院所的实验室技术的天使投资与孵化，截至 2020 年底，创客总部孵化的项目共获得 32.62 亿元投资，创客总部投资了其中 77 个项目。

如何把技术发展成产品，抓住特定的市场，进一步做成商品呢？可以以技术演变为线索，在技术、产品、客户、市场这四者的关系中找到解决方案。

技术演变五步骤

步骤一：理论

通过自己原创或参考其他研究人员的理论，首先关注技术原理；然后，考虑能否把原理转变为技术，技术转变为产品，再进一步成立初创公司。举个例子，很多人都了解摩擦生电这个原理，那么可以根据这个原理做出一个产品吗？可以实现从原理到技术的跃迁吗？利用摩擦生电原理做一个纳米发电机可行吗？本讲后续会介绍一些项目案例，有基于自己的原创理论开发出的技术，也有利用其他科研人员原创的理论转化出的技术，最后都做成了很好的初创公司。

步骤二：实验室验证

有了理论以后，还要验证理论的正确性及其与现实的关系。比如，在实验室里验证摩擦生电原理，需要设计一些摩擦试验，看看能不能把摩擦产生的电能显现出来，或者用仪器测出电量大小，或是通过一些比较直观的表现，比如：发光、发热、驱动电机等验证电量确实存在。还要知道能产生多少电能，才可以进一步考虑其适用的应用场合。接下来，还可验证摩擦生电原理除了能做纳米发电机，是不是还可以用在特定场景上。

步骤三：样品阶段

理论经实验室验证后，接下来就要做个纳米发电机样品。由于样机的数量太少，工厂往往拒绝代工。那么就需要在实验室里自己组装一个，做一个晃一晃就能亮、按一按就能亮的纳米发电机，这不一定是完善的产品，但是它能展示功能，这就可以叫做样品。

步骤四：产品阶段

样品的功能实现以后就可以做出特定的产品上市销售。我们可以思考上文提到的纳米发电机是否可以为灯提供能源？比如，用跑步时振动产生的摩擦来为夜跑灯供电。因为我们不知道上市后的销售量会是怎样的，这时候可以先尝试一下小批量生产。

步骤五：商品阶段

制成产品后如果大卖，就可以进入批量化的商品生产阶段；如果销量小，就要继续重复以上过程进一步探索。从技术演变的路线看，技术的成熟过程就是价值实现链。想明白这个链条后，就能慢慢理解技术、产品和市场之间的关系。

技术和产品切入点

以高通为例

刚才我以摩擦生电原理为例，讲了从技术到商品的五个步骤。下面我再以高通举例，讲讲有技术该如何进入市场。如果你有技术，但不知道如何应用这个技术，先不要盲目地制造产品，可以先从为需求方提供技术服务开始，在这个过程中获得收入，公司得以存活，技术也可以在应用过程中验证和磨合得越来越成熟。

通信这条产业链里面有手机厂商，有芯片厂商，有运营商，还有系统设备提供商。高通的技术可以做什么呢？做手机、做芯片还是做系统设备？高通最终选择了做手机芯片厂商，现在的智能手机基本上都在用它的芯片或技术授权，高通专注于做芯片和技术授权，并没做其他。高通每年销售收入是 250 亿美元，其中有相当部分来自提供芯片赢利与收取手机出厂价 5% 的技术授权费。而华为做手机的利润率在 8% 左右，高通通过提供芯片和技术授权，就拿到和手机厂商相似甚至更高的利润。

高通的这个选择启发我们思考：当一个创业团队拥有了技术以后，在整个产业链里如何选择定位。创业者拥有多元化的素质和技术特质，最后选择的路径会很不一样。对技术创业感兴趣的，不管你是做开发技术，还是做产品，或者自己创业，都建议全面地研究一下高通。

以英特尔为例

英特尔和高通一样，拥有战略性的顶层设计。上文以高通为例，解释了技术与市场定位之间的关系。分析完高通案例，再解析英特尔，会加深读者对持续研发与市场关系的认识。智能终端对芯片的功耗要求更高，影响着技术路线以及最终谁能主导市场，英特尔雄霸计算机芯片市场，但是高通却稳占手机芯片最大市场份额。

多年来，英特尔的计算机芯片从 286 到 386 再到酷睿，持续的技术研发让英特尔一直引领着市场，为公司发展带来了强劲的发展势能，产业链里的其他公司都要以它为核心。像英特尔这种具有强大研发实力的公司，不但当下产品技术领先，而且后续的升级技术也可能全都准备好了，技术领先可以保证公司在市场上获得价值链最高的部分。

小结

高通的案例告诉大家：有了技术以后，要做市场空间、技术优势、产品价值最大化的产品。英特尔案例展示了持续研发的重要性。

产品与市场营销

产品和价格

有了技术以后做什么产品，怎样定价？比如高通做技术授权，一种定价为对方产品价格的 5%，另一种定价方法是不管对方卖多少部手机都收某个定额。吉列的刀架刀片组合产品很便宜，这样门槛比较低，消费者都能用起来，用了觉得好，消费者就会继续复购刀片，刀片是高频产品，利润率很高。吉列用利润率不高的刮胡刀粘住用户，然后用刀片来赚取更大的利润。当年的柯达也是用这样的模式，相机是低频产品，用来粘住用户，但胶卷是高频产品，利润率非常高，用胶卷来赚取高频产品利润，组合实现价值最大化。

渠道和促销

营销分成两类：一类是面向个人用户，一类是面向企业用户，应根据公司用户不同而制定不同的营销策略。面向个人用户的产品销售除了要建立销售渠道外，还需要让更多的消费者知道，所以公共关系、品牌、事件营销、客户带客户、口碑传播都很重要。

产品和服务最好的组合方式，是吉列这样高低频产品相结合。不要期待每个产品利润率都很高，有的产品的作用是作为促销引流用的。比如，医疗器械产品往往带有耗材，医疗器械本身可以便宜销售或者租赁，但耗材可以定价高些。创业者需要精心设计产品与赢利模式，在此基础之上，再策划一些主题活动，通过试用、优惠、分享红包等促销活动吸引用户。

政府

杰克·韦尔奇在通用电气公司做 CEO 时决定国际化。企业国际化后，美国公司的产品可以卖到全球，但通用在零配件成本最低的泰国购买零配件，在生产最便宜的中国制造，整个行业的集中度会越来越高。在这种情况下，政府的影响力对企业发展就会变得非常重要。

中国银行、中国农业银行、中国工商银行、中国建设银行都是非常知名的银行，每年净利润超千亿元，但开办银行需要获得政府审批资质和特许经营权。

公共关系

苹果公司并非靠广告卖产品，而是利用公共关系做推广。苹果的产品和设计都非常时尚，以至于每逢新产品推出，为了博得观众的眼球，媒体都会挖空心思想曝光新产品的技术特点。这一点是很多公司花钱都做不到的。公共关系还包括企业社会责任感，这有助于增加企业影响力和美誉度，赢得消费者的认同感，进而促进销售量的增加。

产品定位与模式优化

　　创业初期，创业者重点思考产品定位：面向怎样的客户人群、做怎样的产品、解决怎样的痛点、自己的独特优势是什么以及所在赛道是否是一个大的市场。就像高通的 CEO 在做决策时要思考：如果制造芯片，客户是谁；如果做手机，客户又是谁。

　　确定产品定位后，在产品出来前创业者就要制定销售策略，发展用户和增加用户。在此过程中要及时获得用户反馈，反复复盘产品，确定产品定位是否合适。

　　从做公司的角度来思考，创业者需要考虑有了技术、做出产品、发展用户后，公司是否能获得更高的利润空间和行业地位。在这个过程中，创业者需要调整和优化商业模式，让公司可持续发展，让公司变得更有价值。持续发展便意味着持续赢利，跟得上技术进步和客户变化。比如，之前的手机用户只要求手机拥有通信功能，但现在的手机用户还要求手机时尚美观、可以下载多款 App、实现好玩与搜索等功能，因此手机制造商在制造一款手机时，不但需要有技术支撑，还需要考虑用户体验。

案例分享

以下通过几个创客总部孵化项目的案例，来跟大家分享一下产品、客户、市场之间关系到底是怎么样的。

IKING 云圣智能

IKING 是北京大学校友陈方平创办的智能无人机公司，虽然无人机技术有很多，但这位创始人的定位是做工业无人机。他一开始想做面向个人用户的产品，由于他是技术出身的创业者，我建议他做面向企业用户的产品。因为企业用户的需求相对来说好理解、好把握，而个人用户想法比较分散且易变。

IKING 的优势是算法比较先进，他的无人机可以把拍摄下的场景进行三维建模分析，能自主巡航、自动充电。这款产品可以用于电力巡线的场景，浙江电网每年电力巡线的成本约为18亿元，以前靠人工巡线，而现在可以通过无人机巡线，便能判断电力线是否存在隐患。这个技术还可以检测油田的井架是否倾斜，井架稍有些偏差，智能无人机便能识别出来。独特的技术优势使得 IKING 签下了全球最大的油田服务公司之一。

先有市场，还是先有产品？先有产品再做市场，还是先做市场再有产品？其实，最好的方式是二者同步进行。在还没有创办公司并且产品也没做出来时，IKING 创始人陈方平就在做宣传、谈客户了，这也是我们认可的好方式。因为没人能保证产品有市场需求以及后续能大卖，最好先在市场上找到需求再做，做的过程中再判断市场需求是否足够大，利润空间是否足够高。随着客户数量从一到百再到万，要考虑边际成本能否下降，然后再考虑产品的标准化和通用性。在做的过程中评估这个产品是否为最好的选择，技术是否能让更多的客户接受并使用。所以，建议在技术形成时便要寻找潜在市场，无论大或小，先做起来，这样才能够第一时间检验这个新产品，并进一步判断产品和市场。大部分的公司做产品，都是慢慢在市场上摸索几年后才发现做哪个是最有效果的。

会分期

会分期的创业者之前做了个动漫阅读的客户端，但他自己对动漫并不是特别喜欢，这种情况就不太合适在这个赛道创业，因为创业者不了解正在创业的事情，也没太大兴趣，就很难坚持。创业者后来转型做了租房分期，这和之前的产品完全不同，租房分期这个产品抓住了市场需求，可以解决实际的问题。这是我们跑得最快的一个项目，它 2017 年融了 2.3 亿元人民币，这个项目是快速创新、超强执行的典范。有想法就快速做市场验证，在验证过程中快速调整和优化，最终确定产品定位，并有很好的市场表现。

变胞机器人

我想通过这个案例告诉大家,创业不一定都要用自己的技术,也可以用别人的技术。市面上经常看到的机器人只能保持原有形状无法改变,但变胞机器人可以根据环境来改变结构,如果门特别大,它就变成方的;如果门特别窄,它就变成长方形进入。

变胞结构是天津大学戴建生教授全球首创的技术。戴老师很有学术成就,但是他没有时间把技术做成产品和公司,就由他的博士生做了变胞机器人项目,这个产品既可以用于学校、实验室,也可以用于救灾等特别恶劣的环境。

创业的技术来源可以是自己的,也可以依托科学家,尤其建议学校里的同学多看看老师们多年研究的成果,和老师合作做技术研发,或者用老师的技术一起来做产品。

我们创客总部做的事情就是为高校和科研院所想创业的老师与学生提供启动资金,并给予公司创办和运营的建议,协助他们把技术做成产品面向市场进行推广应用。有技术但不愿意创业的,我们也可以合作成立公司,老师或者学生负责技术,我们来负责公司的管理,对接市场需求。本讲是我在自己创业、辅导创业者创业实践中,对技术、产品和市场之间关系的体会分享。

第五讲

品牌如何为创业加分

李婷

思创客品牌咨询创始人兼 CEO；曾任北京大学产业技术研究院创业导师。大姨妈、名医主刀、嘀嗒拼车、理大师等多家创业公司品牌推手，联想 ThinkPad、Oppo、好未来未来魔法校等品牌创新化操盘手；馒头商学院、洪泰创新空间、北大孵化器等多家机构的品牌导师；多家知名女性自媒体、国际广告、商学院等杂志的品牌专栏作者；创业前先后在 FutureBrand、Siegelgale、李奥贝纳以及万博宣伟任职，十余年国际顶级品牌咨询工作经验。

2014年年底，我们从电视剧《我的前半生》中的高大上的国际咨询公司辞职，组建了"思创客"团队，当时公司还没有注册，创业最高峰也还没来到。我们做着一个中国品牌梦，三个月后，公司营业执照下来了，李克强总理也来到了中关村视察，和街上的创业者挨个握手，"大众创新，万众创业"浪潮自此在中国大地掀开。这个历史性的时刻，我们就在现场，但是正好见客户，不能和总理照相，然而心里的那团火被点得更燃，创业热潮来了，中国新品牌的时代也要到来了。

　　放眼全球，恐怕中国是唯一一个国力和品牌力不成正比的超级大国。可口可乐、麦当劳、奔驰、耐克、LV、迪士尼、通用、微软、宝马、乐高、苹果、SAP、丰田、星巴克、任天堂……这些被全球人民熟悉和喜爱的知名品牌中，不乏欧美、日本这些世界强国的企业出现，却少有中国企业的身影。在过去的十几年中，我曾服务的顶尖品牌咨询公司，一直帮助很多中国企业如海尔、华为、联想建设品牌资产，走向国际舞台，但是很遗憾，每年全球品牌排行榜上，中国的品牌资产估值还是远远低于世界品牌。毕竟相比那些百年品牌，中国企业从改革开放开始之后才开始进入商业化运作，在互联网时代转变思想从渠道营销推广到品牌系统建设，十几年光阴不到。

　　这一次的创业大潮，不仅是一次商业化变革的创新浪潮，让更多中国企业成为消费者首选。站在世界舞台PK，更是让中国企业从创业早期就具备领先的管理意识和品牌意识来打造自己的硬实力和软实力，从而具备和国际品牌抗衡的品牌资产价值。

　　基于这样的梦想，我们创办了"思创客"，这应该是国内第一家专注于创新创业品牌的咨询公司，之所以取名"思创客"，也因为我们认为自己是一群用思想创业的人。我们用从国际领先咨询机构学到的科学方法论，赋能新一代中国品牌及品牌人，帮助创业者在一开始就能采用正确的品牌思维和品牌工具来打造和运营一个品牌，避免企业做了十几年，只会砸钱做营销换来一定的品牌知名度，品牌美誉度和忠诚度却一直徘徊在低点，品牌资产基本为零。

创业公司为什么需要品牌

我们经常说创业中三大支柱即做产品、做运维、做品牌，三者缺一不可，它们的关系就像刘备、关羽、诸葛亮的关系。诸葛亮是运维的老大，缺钱了、缺人了、缺料了，他都往上扑，用最小的资源办最大的事。但是一个公司想壮大，需要的是产品。除了运维负责人之外，还需要一个好的产品经理，能够把我们的产品做到极致，就像关羽一样，可以调兵遣将，每次打胜仗。那刘备是什么呢？打仗不如关羽，运维不如诸葛亮，但却是主公，为什么呢？因为他有战略思想，也有品牌魅力。他跟大家说为什么而战，他们是为平天下而战，其实这就是用品牌精神把大家团结在一起。

可口可乐的总裁也说过这样一句话："即便有一天一场大火烧光了所有的工厂，我凭借着'可口可乐'这四个字依然可以东山再起。"全球品牌排行榜中，可口可乐的品牌资产价值超过600亿美元，为什么可以取得如此辉煌的成绩？真的是仅仅依靠产品好吗？事实上已经有过无数市场调研公司做过类似的调研，去掉品牌Logo，测试几种不同品牌软饮的口味，可口可乐的口感未必好于其他家，但是当可口可乐的Logo出现时，它被选中的概率就呈现大幅度上升。品牌本身其实已在用户心中打下一个烙印——这个烙印意味着你的企业在别人心中有一个非你莫属的印记。可以说，可口可乐就在全球消费者心中刻下了一个烙印——可乐非可口可乐莫属。从心理学角度来讲，消费者都会默认自己的认知经验更正确，因此，事实不重要，认知更重要。而产品就是事实，品牌则是认知。

比如，一瓶农夫山泉卖 3 元，另外一瓶水叫依云，卖十几元，能确定依云的水就一定比农夫山泉更高级更好喝、矿物质更丰富吗？我看未必。但是为什么依云售价比农夫山泉贵这么多？因为在消费者认知中，它代表更高级、更值钱、更好喝，这就是品牌给消费者带来的认知差距。

所以当你有了更好的产品，还应该有更好的品牌来做加持，不然我们在别人眼中就永远是"物美价廉"。我们特别希望可以通过科学的品牌方法论，帮助中国新一代创业企业摆脱这个认知标签，成为被尊重、被热爱、被消费者和客户抢着溢价购买的国际知名品牌。另外，品牌不仅是企业与用户的一种情感交流，也是员工和老板在心理上的一种价值链接。试想一下，如果海底捞的创始人说，我们今天做火锅是为了挣一笔钱，或者为了在美国上市，你可能不会跟他工作。但他说，来吧，我们一起创造中国火锅文化的历史，我们一起来成就中国美食走向全球的梦想，你听完后会不会觉得激情澎湃，撸起袖子跟他一起干。

对创业企业而言，如果能提前一步让自己的产品在消费者间产生差异性认知，形成指定购买的欲望，并且愿意支付更高的价格，进行更持续的复购，同时借助愿景使命让员工对你的组织充满憧憬，三观契合，就可以判定说，你已经初步具备了品牌资产，并且这份品牌资产会对接下来的商业发展形成一个强有力的护城河。

那么，创业企业要如何从 0 到 1 创建品牌资产呢？让我们用一组案例来分析一下传统企业和创业企业在品牌建设上的一些思维变化。

相信大家在北京街道上，经常会看到这两个中式快餐店，一家叫杨国福麻辣烫，另外一家叫西少爷肉夹馍。

请问这两个店的产品有什么本质的区别吗？几乎没有，都是小吃快餐，只不过一个是麻辣烫，一个是肉夹馍。但是它们的品牌资产相同吗？

杨国福麻辣烫的环境布置、产品风味、价格服务与消费者在所有其他地方吃的麻辣烫相差无几，换上李国福、王国福这样的名字可能也不会有太大的差别。但是西少爷肉夹馍远远看过去就能有一定的识别性，产品包装上画着浓厚互联网风格的插画和品牌 Logo，肉夹馍也比其他档口销售的肉夹馍更贵一些，基本上提价 50% 以上，而很多顾客还会慕名而来。可以说，相对西少爷，杨国福更像是一个门店招牌,而西少爷开始有了一定的品牌资产,有独特的烙印标识,被投资人追捧。

当然我们也不否认杨国福麻辣烫做得很成功,但这是一种线性的自然增长,靠的是时间推移下门店的不断累积,慢慢门店多了,消费者看到的多了,自然而然就成了一个品牌,但这一切都是被动形成的,也就是说企业家自己心中也不知道最终这个品牌会成为什么样子,甚至压根就没想过这个问题,只关心生意的大小,不在乎品牌的成败,这也是很多中国传统企业成长的模型。

但是西少爷肉夹馍作为新一代创业企业,它又是怎么做的呢?创业团队从一开始就明确地知道,自己要创办的是一个国际化的中国餐饮品牌。创始人孟兵曾经讲过这样一句话:"当企业规模呈几何倍数增长的时候,你的品牌影响力必须走在前面。影响力在任何时候都必须大于你的规模本身。"

从创业早期一篇刷爆朋友圈的文章《我为什么辞职去卖肉夹馍》到后来举办互联网员工免费试吃,与电影《唐人街探案》做跨界营销等活动,这些看似偶然的举动背后,都沉淀着这个团队对品牌的深度思考:要做一个现代化的中式快餐品牌,具有互联网时代下好玩潮酷的属性,打破消费者对传统中餐的认知局限,无论从产品到运营,从开店的门头设计到创始人采访说的故事,都是在运用品牌思维去指导每一个环节的落地性工作。

这种"品牌为先,指导营销"的系统性打法,就让西少爷这类新生代创业企业,比杨国福这类传统餐饮企业节省了漫长的时间累积,减少了其中的艰难曲折,加速了品牌的塑造与养成,从而对商业发展进行反哺赋能。

也许有人会反问:"我懂了,品牌不就是打广告做宣传,找一个好听点的口号,然后四处做各种各样的传播吗?"让我们再来看几个案例,再分析这个理解到底对不对。

曾经有一个互联网出行品牌叫易到,它的出现比滴滴还要早,顶着"中国出行第一品牌"的旗号,易到当时获得了很多资本的青睐,财大气粗的易到也特别舍得在品牌宣传上下工夫,先后做了很多不同花样的传播工作。粗略统计一下数据,就会发现在这些传播信息中,先后出现了"第一出行""智能出行""出行新生态""美好出行"等不同表达,品牌口号也一改再改,从"随时随地私人专车"变为"共享汽车生态",再到后来的"所有努力只为让美好更易到"。单独看哪一次传播都可谓可圈可点,制作精良,花费不菲,但整体看下来,你能获得易到的品牌形象吗?显然并没有,反而变得更晕。

这就是很多中国企业在品牌建设上犯的通病,以为品牌就是变着花样地营销、推广、宣传、打广告与做公关,而不是站在战略的高度去审视和思考究竟什么才是真正的品牌。我想这就是易到品牌惨遭滑铁卢的主要缘故。

当然一个企业的失败肯定还有其他原因，如经营不善等，但是做错误的市场推广从而造成品牌方向模糊，从而失去市场先机，甚至宣传投入和市场回报不成正比，造成企业亏损，确实是很多中国企业摔过的大跟头。

接下来我们再来看看另外一个案例，会发现更多有意思的问题。2017 年，恒大集团推出了一款高端矿泉水，豪掷了 230 亿元，但一直没有获得预期的成功景象，奋斗了几年也没有成为消费者心中首选的瓶装水品牌。但是它失败的原因不是他传播混乱，而是品牌没有挖掘出差异化的价值满足。这个品牌的广告语主打"中国真矿泉，长白山天然矿泉水"。这句话反复出现在各大明星海报上，从成龙再到范冰冰，无一不是重量级明星，此外还请来热播电视剧《来自星星的你》中的男女主角全智贤和金秀贤合体拍摄广告，如此轰轰烈烈的明星营销，却没有让消费者有半点动心，原因何在？因为消费者对"真矿泉"毫无感知，更对喝一瓶水就能健康长寿持有不信任态度，所以几百亿的投放就这么打了水漂。

通过这些案例的学习，你会发现，当品牌犯了以下典型错误时，基本上就是离消费者认知深刻这件事越来越遥远了。

第一，不独特。当你的品牌缺乏独特主张的时候，你说什么大家都记不住。

第二，不连贯。说了很多，散点式投放，但互相没有联系，无法让消费者形成系统化记忆。

第三，不清晰。我们很多品牌是自我感动式的。品牌是投射在人们心中的认知，我们的企业却在传播时根本不知道受众在哪里，想听什么，而是自说自话，只讲自己能懂的。

所以你会发现在做品牌这件事上，方向不对，方法再多也没用。请记住，千万别用战术的勤劳去掩盖战略的懒惰，请再大的明星，花再多的钱，如果不从整体上思考品牌战略的正确性，那都是功亏一篑，只有正确的品牌战略方向和系统设计，才能让你的品牌战术发挥更大的效应。

品牌的本质：经营和维护用户的心

30 年前中国企业想要做品牌，其实还是蛮简单的，只要抢到央视标王这个位置，就能扫射到全国消费者的心。

30 年后的中国企业想要做品牌，再也没有这么简单了，因为全国消费者宛如生活在无数个平行宇宙之中，每个人关注的点都不一样。一个家庭中，可能是爷爷奶奶看卫视，爸爸刷抖音，妈妈上小红书，孩子们举着 iPad 看动画短视频。

但不管多么难，无论是"to B"品牌还是"to C"品牌，要做的都是触达消费者或客户的内心，才能让他们优先看到、相信、选择并偏爱你。因为不管在哪一个时代，谁能拥有更多用户的心，谁就能真正地屹立江湖不倒。而品牌就是在消费者心中形成一个承诺，可以帮助消费者加快决策判断，提升情感偏好，更能形成忠诚依赖。信任一个企业或忠爱一个产品，有时候就是开始于一念之差。比如，走在路上你有点渴，前面一个是全球连锁的7-ELEVEn，一个是不知名的小卖部，你会优先走进哪一个门店？走进门店后，你来到货架边，看到货架上有两瓶水，一个是农夫山泉，一个是你没有听过的品牌，但是包装还挺吸引你的，你顺手拿起来看了看，然后发现是可口可乐荣誉出品，这时候的你，认知天平有没有发生变化？

这就是品牌在用户头脑中认知的力量。从用户角度来说，拥有品牌也是简化决策过程，让用户省心省力，所以在注意力稀缺、选择困难的当下，拥有品牌是一件多么划算的事情。

互联网时代更需要品牌思维

互联网时代下，一切事情都在加速发展。一组数据统计，60秒之内，E-mail 发送量达 1.68 亿封，谷歌出现 380 万次搜索，Facebook 上有 69.5 万状态更新。

无论是几年前风靡全国的微博，还是当下人人都爱的抖音，本质上都是一种媒介载体，连接起人与人之间的信息传递，而我们的企业就在这些数不胜数的信息渠道中，抢夺着用户的眼睛与心灵。

正因为注意力的稀缺，我们才笃定地判定，在互联网时代中，品牌的重要性愈发凸显，并且从组织视角更加向用户视角转变。曾经我们强调的品牌资产集中在知名度、美誉度、忠诚度，但现在品牌的考核标准更在乎的是曝光感、口碑度和死忠粉。正如网络大 V 所言，一万个人知道你，不如一千个人深爱你。

如果企业只把品牌当成一种宣传和推广的手段，仍然试图通过简单粗暴的推广来与用户沟通产品，最终的结果很可能会是"沟而不通"，品牌难以从海量的产品中脱颖而出。只有将用户关系的经营上升到更高的意识层面，抓住每一次企业与用户链接的品牌关键触点，才能将每一次的出街沉淀为消费者心中的链接，形成有效的品牌资产。

可以说这种思维意识层面的转换，让未来品牌的成功不再永远只属于那些极少数的超级品牌，也同样有机会属于那些用心经营用户关系、洞悉用户感知的小而美品牌。

想要成为这些小而美品牌，离不开对用户的深入洞察和持续运营。在国外有一个非常火的咖啡品牌叫 Blue Bottle，被称为咖啡界的 Apple。为什么有这么高的评价呢？它在战略上做了一个非常好的卡位，卖给那些对咖啡有极致体验需求的小众人群。

它号称自己的咖啡有 58 种口感，背后隐藏的意思说它的咖啡非常专业、非常极致，不跟星巴克那样的普通咖啡比。Blue Bottle 这个名字本身就是欧洲最早的一家咖啡店。它主张给咖啡爱好者极致的美学体验，从它的店员风貌、制造工艺、海报、Logo、菜单、店服，到店员的话术、文案，都是在强调"我提供的是极致的体验"。

同样，思创客也曾经为一款电商内衣品牌犀牛小姐做过类似的品牌卡位。经过深入的用户研究，发现不少女性在选择内衣时都把舒适性放在了第一位，悦己已经成了都市新女性的第一选择，于是他们的产品就去掉了钢圈，拿掉复杂设计，把简约舒适放在设计首位，并且在品牌理念上倡导"对比美更重要"，鼓励女性听从内在声音，忘掉外在质疑，尊重真实的自己，无论是爱情还是内衣，是否适合自己远远比别人评价更重要。很快这个品牌就获得了年轻女性的好感，并且运营起多个内容型社群，不光是卖内衣更是聊理想、谈人生。这个品牌也很快获得了资本的青睐，顺利融资 500 万元。可惜后来因为供应链问题，这个品牌失去了更好的发展机会。但直到这个品牌关闭的前夕，还不断有用户写信来感谢这个品牌，它的存在给予她们"发现自己"的勇气。

如果一个品牌能保有品牌与用户的深度链接，并通过用户关系的精细化运营培育出超级死忠粉，是能让自己获得更好的发展机会，甚至转危为安的。

举个发生在这次新冠疫情中的真实案例。有个叫林清轩的化妆品品牌，疫情期间线下门店惨遭冲击，损失高达百万元。情人节当天，老板带领普通一线员工，在线开展全员直播，用心与消费者进行沟通，最终获得 60 万元的销售业绩，不仅给了团队极大的信心，还摸索出一套直播交流的经验，带动企业逆势增长。

这其实就是一种颠覆性的思维。不把品牌等同于某一个战术举动，而要上升到战略层面，从价值理念、视觉传达、基础点设计、场景要素、媒体口碑、高管到创始人的管理方格，都是以品牌为中心，利用每一个品牌关键点去建立用户心中对企业的认知，形成统一体系，目的就是让用户能够强烈地认知我们、认同我们，并且能够体验到我们，从而建立企业与用户之间牢固的情感关系链接。

可以说品牌是用户关系的升华，脱离用户去讲品牌，品牌是泛泛而谈；而脱离品牌去讲用户，用户只是浅浅之交。

从 0 到 1 构建品牌的三大招

品牌自检

如果刚开始创业，首先建议做一下品牌自检工作，这个和产品自检一样重要，甚至更加重要。

首先，看一下你是否具备第一眼要素，即 First Image。也就是说你的命名、标识、口号是不是足够好，能不能第一眼被记住、被认可、被留存。

比如"饿了么"对比"到家美食会"，在命名上就更占据记忆优势，人们更多会第一时间记住"饿了么"这个品牌名称，从而造成优先选择。同样标识和口号也是一样重要，把两个同类产品的标识或口号放在一起，很多时候更具备第一眼要素的品牌会更容易被选中。

其次，要看你的品牌是否具备溢价能力，即 Premium。你的理念、价值、承诺是不是能让别人愿意支付更多的钱，这不仅需要好的产品品质、包装设计、口碑背书，更需要有一套完整科学的运营体系支撑着你的品牌能走得更远。

最后，要看你的品牌是否具备谈论价值，即 Talking Value。在互联网时代，不会讲故事的人都会被淘汰，所以要看你的品牌有没有故事感、话题点，能不能在注意力短缺的时代下，抓住大家的耳朵和眼睛。

系统作战

思创客有一套自己的原创版权模型——品牌系统五力模型，明确将品牌系统拆解为五大要素，并且这五个要素相互之间存在逻辑关系。

首先，品牌第一力，属于品牌战略设计，制定品牌发展方向、架构以及三观人设，它也指导着后面四个模块的发展轨迹。其次，品牌第二力，我们叫品牌记忆力，规定品牌固定化的视觉表达和文字表达，也就是我们的品牌命名、Slogan（口号）和 VI（视觉识别）体系。再次，品牌第三力，即品牌自驱力，是品牌体验环节，包括产品体验和用户体验都需要受品牌调性影响，从而发展出自己的独特风格。接着是品牌第四力，叫品牌影响力，也是我们日常做的营销传播，需要在每一次市场行为的基础上都提升品牌在受众心中的感知和影响。最后，品牌第五力，我们叫它品牌成长力，是把控着企业内外部品牌资产的健康度，类似我们做体检的感觉。

当创业者真正有一个创业想法的时候，品牌需要协同作战，而不是单一发力。品牌系统五力模型就是一个很好的协同作战工具，让我们上下齐心，从内到外地做好品牌这件事，形成强大的合力。

三位一体

所谓三位一体，就是不要把品牌割裂出来去看。企业即品牌，产品即品牌，用户即品牌，三者是统一兼容的，只有这样做，你的品牌资产才能不断地升值。当有一天你做品牌的时候，CEO这个人本身就是品牌，你的企业形象就是品牌，你的产品包装也是品牌，你的用户选择也是品牌。

再分析一个案例。

Roseonly 是一个互联网创业浪潮下成长的鲜花品牌。同样的玫瑰，部分商家定价高些大概是几百元钱一把，Roseonly 是把一枝玫瑰放到一个长盒子里面，赋予了它一个理念，叫"一生只爱一个人"，就能卖两三千元钱，甚至四五千元钱。这个品牌从一出生就在塑造一种高大上的体验感，创始团队都是来自投行外企的年薪百万的高管们，选择的鲜花品种也是全球稀有产地供奉王室的特殊品种，第一批用户里面也是影视明星们，就连快递小哥都是开着法拉利的帅气小伙，总之一切都在塑造一个体验感——Roseonly 是一个可以和钻戒一样拿得出手的爱情信物，你必须要拥有的一生一次体验。

再看思创客，我们也用了这样的方式来营造客户对我们的定位。首先我们定义自己是用科学、系统、持久的方法论帮助中国创业企业从 0 到 1 地做好品牌建设，思创客的产品就是品牌创新咨询服务，我们的创始团队是一群来自国际战略咨询公司的品牌信仰者，我们的用户是代表中国商业新未来的创新创业企业。对初创企业来说，如果没有思创客，他们可能就找不到一个高水平的品牌外脑，来从根本上解决品牌的问题，而这也正是我们存在的理由。

企业做品牌经常犯的三个错

前面分析了很多成功的经验，实际上做品牌总会重复地犯三个错误，希望创业者在今后的创业过程中不要重蹈覆辙。

认为有名了就是拥有品牌了

很多创业者总是想做一个轰动性的事件营销或者找名人做一次宣传，企业就一下出名了，产品也就好卖了，但是名气这件事情真不等于品牌资产，虽然品牌知名度是品牌要素之一，但是未必有了知名度就等于有了好品牌。尤其在互联网时代下，有知名度的品牌如果做错点事可能反而死得更快。

曾经就有一个网红品牌策划了一个热点，一帮外国裸男上街去卖沙拉，结果被好心的朝阳群众直接举报，警察直接出动把裸男逮捕了，当时这件事就上了北京新闻，算是出名了吧？但所有的新闻都没有提到这个品牌的名字，它也没有因此获得更大的认知，反而让很多曾经购买它的白领放弃了选择，慢慢地，这个品牌也就消沉了下去。

过分沉迷于讲故事

互联网时代大家特别喜欢听故事，这也确实是塑造品牌的一个捷径，但创始人如果单纯地认为品牌只是讲故事，会讲故事就会做好品牌，这就大错特错了。品牌是一个系统体系的建立，故事只不过是其中表现的一个要素而已。

比如我们曾经知道的 e 租宝，当年故事讲得特别好，著名学霸团队投身于金融圈，设计了特别好的理财产品能让中国老百姓过上好日子，美女董事长还上央视节目接受了采访。但是 e 租宝很快被爆出产品爆雷、团队学历造假，最后以失败告终，也成了众人眼中的笑话。

产品求新求变，品牌也经常要变

创业讲究快速迭代，时变时新，但是这只是适合产品研发，不适合品牌建设。一件事说十遍的记忆，永远比十件事说一遍的记忆更好。如果想让你的品牌尽快被别人记忆，一定要经过仔细研究后，锁定一个关键点反复说，才有可能留存下认知烙印，不要指望受众的记忆力像吃过记忆面包的机器猫那样好用。

成功案例分享

最后给大家分享两个思创客做过的品牌案例。

第一个品牌是大姨妈，这应该是女生比较熟悉的一款女性健康护理软件，大概有 1 个多亿的用户，估值上百亿元，当年行业独角兽之一。它是怎么从 0 做到 1 成为中国女性熟悉的健康 App 呢？首先它的定位比较精准——国内第一款专注于女性生理周期的健康监护软件，希望陪伴更多中国女性关爱自己的健康，"陪你一起在乎你"。为了让这个定义更加精准地被感知到，我们给创始人柴可设置了一个温暖的形象叫"大姨爹"，讲述他创立这家企业背后的初心是希望给他心爱的女儿一个健康的未来，同时联合妇女卫生组织发布女性健康白皮书，请知名医生为女性上生理健康课，请明星偶像来宣传女性健康知识，等等。总之，就是要树立一个关爱和温暖的科技产品形象，关心和陪伴每一个女性健康成长。2年下来，大姨妈的每一个动作、每一个步骤其实都是在打一个点，久而久之大姨妈就成为女性的首选，女生也愿意跟它产生关联和信任，这也是它能获得1.2亿用户的根本原因。

第二个品牌案例是嘀嗒拼车。它是在2014年的拼车大战中唯一一个活下来的拼车软件。

那时候拼车是一种风潮，出现了很多拼车软件如爱拼车、天天拼车，竞争十分激烈。当时Uber也没有进入中国，共享出行还是一个非常领先的概念，我们接手这个项目后，第一时间就去做了用户调研，发现所有的软件都在讲一个故事，讲的是便宜、方便、快捷。虽然便宜是个痛点，但是大家潜意识中都不愿意让别人觉得自己是一个爱占便宜的人，而且很多用户还都是上班族，除了价格优惠之外，拼车背后的社交感也是他们所需要的价值满足。因为拼车就意味着发现很多可能，很可能拼到一个客户，拼到一个伙伴，拼到一个好朋友，甚至拼到一个伴侣。

当我们强调有趣这个概念的时候，我们的用户确实有所提升，但是大部分是男性为主，女性非常之少，这就让社交变得比较单一，而且男车主也不太爱拉男乘客，男乘客也不爱去上男车主的车，因为他们都嫌弃彼此不够干净卫生，我们就开始想，要怎么把女性拉过来呢？那就需要做一个用户拉新活动，如果按照常规思路，就是发钱给补贴，顶多做一下针对女性用户的优惠活动，但是我们却没有这么做。

我们借助当年情人节的契机，从公司找了 8 个最帅的程序员，带他们去中关村、望京、国贸、西单、三里屯的 8 个商圈，让他们每个人手上抱着一块广告牌，每个广告牌上写上一句话，这句话就是品牌对用户的洞察。

比如在望京这个地方，路不好走，迷宫一样，女孩去那里打车都会很着急，东南西北说不清。我们觉得这是痛点，文案就写："望京有时和爱情很像，容易迷路，嘀嗒拼车都是同区人，不会迷路。"因为嘀嗒拼车都是顺路的人，司机听你说到哪，他也知道，不会让女性乘客干着急，同时又和爱情做了巧妙关联，很多路过的女生都举起手机拍了这句话。

在金融街的小哥哥，我们让他举着的牌子上写着："爱情里不能精打细算，生活里舒服才划算，嘀嗒拼车首单 5 毛，比出租车便宜 30。"因为金融界的女生财务认识比较多，普遍被认为是赚钱高手，我们用这种方式去触达她们，也会引发她们的共鸣。

还有在南锣鼓巷考虑来往的都是文艺女青年，我们的牌子上写的就是："读了很多书，却找不到一个可以说废话的人，嘀嗒拼车都是有趣的人一起同路。"她们看到了也很感兴趣，而且这个举牌的小哥哥也是 8 个程序员中最具文艺感的，还有不少胆子大的小姐姐上前要联系方式。

就是这样一个活动，没花一分钱，在当天新增了 1000 多个女用户。女生来了，男生就更活跃了，慢慢地用户平衡起来。接下来的宣传内容中，我们还是坚决不跟风，不过分强调经济、方便、快捷，也不强调艳遇、社交、玩过火游戏，始终强调的品牌属性是有趣、舒适的出行方式，让消费者遇到更多城市可能性，让消费者的出行体验更美好。

后来滴滴出了顺风车也咨询过我们，他们认为这个品牌建设做得很成功。每次只要一拿钱补贴，滴滴顺风车销量就上去，但是只要一停止补贴，顺风车销量就下来了，而嘀嗒就活下去了。我觉得这可能不光是补贴的原因，更多可能还是品牌的原因。

留在最后的话

最后给大家总结下关于品牌建设的四个要点。

正视可利用的品牌资源和内容

如果创业的话，建议去思考一下你能利用的品牌资源有哪些，譬如产品的专利证书、获奖成果、知名机构或用户的使用背书，如果我们在创业早期就能充分利用好这些品牌资源和内容，可能你的品牌会更快走向正向循环。

坚持正确的思考路径

我们经常说做正确的事比正确做事更重要。一定要坚持"品牌为先，指导营销"的思考路径，通过清晰的品牌规划，完成从战略到战术的落地，千万不要本末倒置，没想好品牌方向就开始四处尝试营销动作。

洞察品牌与社会的连接点

没有一个品牌能脱离时代独自存活，每一个时代都会产生一批富有时代特色的品牌。我们身处这个不断变化的创业时代，其实对品牌的包容度更高，传播方式和媒介渠道也更加丰富多元，如果能找到品牌与社会与时代的连接点，其实还是比较容易做出具有时代意义的创业品牌。

品牌是点石成金的道具，也是占领人心的武器

希望创业者能够在创业路上一帆风顺，用科学系统的品牌思维和实操工具创造出一批闪耀在世界舞台的中国品牌。

6

第六讲

创业企业的营销战略

黎怡兰

博士，资深创业者，曾任北京大学产业技术研究院特聘研究员、创业导师，北京大学软件与微电子学院副教授、研究生导师。目前研究领域包括营销战略与品牌管理、互联网＋、企业创业与成长、创新管理、技术商品化等。

本讲将围绕创业企业的特征，在数字经济时代背景下，系统讲授营销战略的内涵与执行要素。

创业企业与营销的关系

创业是在创新的基础上通过一群人的努力运营为企业带来价值的一种行为。创业企业是指"创业者利用商业机会通过整合资源所创建的一个新的具有法人资格的实体，能够提供产品或服务，以获利和成长为目标，并能创造价值"，这里的创业者可以是一个人也可以是多人。

全球创业观察报告中的创业企业是指企业成立 48 个月以内的企业，而实践界的观点则认为从拿到公司执照起算，3 年内都是创业企业。根据学者 Holt1992 年的研究，创业企业的生命周期要经历 4 个阶段，包括创业前期阶段（Pre-Startup）、创业初期阶段 (Startup)、早期成长阶段 (Early Growth) 与晚期成长阶段 (Later Growth)，每个阶段都有相应的任务。创业前期阶段，创业者应该准备好创业计划与初步工作，包括获取资源与组织团队。在创业初期阶段，创业者需要做好新事业在市场的定位，并能弹性应变以保证存活。在早期成长阶段，新事业可能会面临市场、财务或资源使用上的快速变化，需要具备配置及驾驭资源的能力。在晚期成长阶段，当企业发展到一定规模时，将引来竞争，此时需要专业化的管理制度，以巩固竞争优势。

知名学者 Timmons 提出要降低创业失败风险，提高创业成功机率，在创业前创业者必须要掌握商机，创业之始必需组建有执行力的团队，创业之后必须要善于运用资源。

权威期刊《哈佛商业评论》2013 年 5 月在《百森商学院：创业企业的第一堂营销课》专题文章中总结了"创业企业的五大误区"，这五大误区包括营销起步晚、倾客户需求听不足以及未能找到买家等，都跟营销有关。另外，美国 CB Insights 也总结了 101 家高科技创业企业失败的十大原因，跟营销相关的就占了 6 个，比如忽视客户、没有分析需求就贸然开发产品、定价出问题等。

回到企业实践的现实，大家都知道持续的收入是保证企业生存的基础,收入的来源则依赖于有效的营销手段吸引顾客消费。成功的创业企业,无论是科技大鳄或独角兽,其创始人不仅是优秀的销售者,更是卓越的营销者。大家熟知的乔布斯、比尔·盖茨、贝佐斯或马斯克等都有着灵敏的市场嗅觉,这些具有超强营销能力的创始人会通过各种营销手段以及及时上市爆品,为创业企业带来丰厚的收入,为企业持续经营建立扎实的基础。

以上这些论述与案例都说明营销与创业企业有着紧密的联系,对创业能否成功发挥了积极的作用。

数字经济时代的营销战略

数字经济的到来,为创业企业提供了很好的发展契机。在数字化技术的推动下,营销已经从传统的单向传播推广向双向沟通发展,营销的方式及关注点也发生了巨大的变化,网络营销2.0、数字营销3.0等快速迭代进化,理解并掌握数字经济时代的营销趋势对创业企业而言至关重要。

数字经济时代的营销趋势

第一,科学技术为传统营销提供更多的应用与传播手段。

第二，信息对称、互动、顾客参与改变了消费者行为。

第三，营销重点从原有的产品导向、销售导向转向顾客导向。

第四，4C 思维指导营销战术组合 4P。

第五，精准营销、整合营销成为企业营销战略主流。

第六，数字营销带来多元的传播手段、形式与销售渠道。

第七，营销手段不断创新，可采取口碑营销、病毒营销、社交媒体营销、网红营销等手段。

虽然数字经济改变了营销方式，但是经典的营销理论还是具有一定的指导意义。在解读营销战略之前，首先对营销的定义与价值进行阐述，其次针对销售与营销的差异与关系进行说明。

营销的定义与价值

营销的意义在于"企业在满足顾客需求时得到应有的利润"，主要涉及三个关键词：需求、满足与利润。营销是一门实践的学科，营销学研究的重点包括消费者行为、营销战略与品牌。基于 2007 年 AMA 的营销定义加上最新的研究成果，营销可以定义为"营销是一种由组织或个人实施的活动，它同时也是通过一组机构的运作来实现探索、创造、传播、交付以及交换市场供应物，且能为消费者、用户、合作伙伴甚至于全社会带来价值的过程"。从这个定义看来，营销是一种过程，营销涉及的功能、目标客户及目的随着时间的演进变得更为多元。自从麦卡锡在 1960 年正式提出经典的 4P 理论以来，有关营销的研究经历了近 60 年，营销的核心本质已经从交换转变到价值提供。实践的重点也从生产导向、产品导向、销售导向到顾客导向。

再来看看营销对企业的价值。首先，从企业发展战略说起，企业会在提供产品或服务的基础上，获得顾客的金钱或口碑，来实现战略目标，其中，产品的提供与推广都需要通过营销组合才能完成。其次，从企业职能部门的贡献度来看，一个完整的企业组织通常具有产、销、人、研、财（即：生产、营销、人力资源、研发、财务）五个职能部门，其中，营销是能为企业带来经济效益与社会效益的主要部门。

销售与营销

随着宏观环境改变、数字技术快速发展、市场与消费者需求的变化，对企业而言，营销已经从单纯的销售战术进化为创造价值的战略。演进至今，销售与营销存在了差异，销售关心的是让人们拿出金钱换取产品或服务的技巧和花招，销售不涉及交换的核心内容与价值，不会将整个商业过程视为一个贯穿发现、创造、激发和满足顾客需求的过程。从企业实践的观点来看，销售是服务于营销，销售是战术而营销是战略。在营销组合 4P 中，销售作为推广（Promotion）的一种形式也说明了营销与销售的主从关系。

创业企业的营销战略理论模型

营销的目的是为企业的生存与持续发展创造财务来源与品牌资产。因此，制定准确可行的营销战略对企业至关重要，基于多年的实践经验与理论研究，本节提供了一套完整的营销战略，包括战略分析、战略制定与战略执行三个阶段。

1. 战略分析阶段

在战略分析阶段应该做好营销研究、市场细分、目标市场选择等工作。营销研究是运用科学的方法和合适的手段，系统地收集、整理、分析和解读信息，提供及时准确和有用的信息帮助企业正确制定、实施、评估和调整市场营销战略和计划。这里的信息具体包括宏观、中观与微观三个层面，创业团队在收集到这些信息后，应该进行可行性分析。

在营销研究后，紧接着就进入市场细分阶段。市场细分是对消费者需求进行分类，分辨具有不同特征的顾客群，进而分别归类的过程。主要任务是把整个市场划分为若干具有某种相似特征的顾客群，以确定目标市场的选择。比如某创业企业想进入汽车市场，就必须对汽车这个大市场进行市场细分，将汽车整体市场分为货车、越野车、客车、轿车与商务车等细分市场。

企业完成市场细分后，要选择有利于发展的目标市场。选择目标市场时的参考要素包括发展潜力、市场规模、获利情况、可行性等。

2. 战略制定阶段

创业团队在选择了想要进入的目标市场后，还要根据顾客的需求，作出与竞争对手差异化的市场定位。市场定位是制定营销战略的核心，找准定位是营销战略的最高目标。

要找准定位必须遵从营销战略制定的原则，通过科学系统的营销研究，在可行性分析的基础上，企业再依据自己的核心能力对目标市场进行以下检验：（1）提供的产品或服务是否能解决目标市场的痛点；（2）是否满足顾客在功能性、体验性甚至是象征性的需求；（3）是否与竞争对手提供的产品或服务存在差异化；（4）在顾客心目中是否具有不可替代且独特的价值。如果能有这样的市场定位，对于营销战略的成功执行就有了良好的保证。

3. 战略执行阶段

有了准确的市场定位，在提出价值主张与卖点后才能实施有效的营销战术。营销战略的执行主要靠营销组合的有效落地。营销组合分为供给组合与传播组合，供给组合指的是产品

（Product）与价格（Price），传播组合即为渠道（Place）和推广（Promotion）。4P是战术也是落实营销战略的手段，每个P都扮演着重要角色，麦卡锡1960年提出的营销组合是营销管理的重要模型，有关营销组合的内涵与属性在营销教科书中都有详细的叙述。

数字经济时代的营销战略新思维

在数字经济大背景下，及时、互动的特质正在消除原来存在于买方与卖方之间信息不对称的壁垒，市场主导力也由卖方转向了买方，顾客导向成为营销的实践重点。传统的推动式（Push）营销正在向拉动式（Pull）营销转移，因此，创业企业在制定营销战略时为了提高有效性，要将数字营销思想4C作为4P战术的指导方针。

4C指的是客户需求（Customer need）、成本（Cost）、便利性（Convenience）以及沟通（Communication），这是美国学者Robert Lauterborn在1990年基于消费者需求视角提出的。4C的重点在于互联网技术的普及下，企业在从事产品的研发与设计时需要更多从顾客的需求视角考虑。在定价时必须充分考虑顾客总体的消费成本，包括价格、时间、交通、心理等成本，在选择渠道时要以便利性为主，而在推广方面则需要结合电视广告、报纸平面等单向传播方式与微信、社交游戏或公众号等双向沟通方式。

为更好更有效地落实产品、定价、渠道与推广的执行效果，创业企业必须与时俱进，善用数字营销工具，建立整合营销的职能部门。在营销组合部分，分享以下观点：（1）创业初期在产品部分，功能越简单越好，要有差异化、要独特，要符合市场定位；（2）产品要尽量做到极致，质量好是建立品牌的基础，因为品牌的内涵就是质量与信任；（3）在定价方面可以在充分考虑产品属性、市场竞争等因素下从撇脂、渗透与利基三个价格战略中选择其一；（4）在营销渠道部分可以以网络或O2O（Online To Offline）作为首选；（5）在推广传播部分可以采用话题营销、病毒营销、事件营销或口碑营销，以最低的成本创造最好的传播效果。

创业企业的营销原则和关键技能

中国虽然拥有 14 亿多人口，但是创业企业不能乐观地把 14 亿多人当作是目标市场。在制定营销战略前必须谨慎研究相关因素，比如以互联网＋作为商业模式的创业企业，在评估市场规模时就要知道具有终端设备的顾客数量。做高考培训的，也要收集到目标市场 16 岁到 18 岁参加高考的潜在顾客人数。另外，创业企业在选择目标市场时，购买力是重要的选择依据之一，如果创业目标在二级城市，就应该调研二级城市的消费能力。创业企业在进行营销战略制定时，也要考虑跟创业有关的法律和行业准入，需要看是否侵犯他人的知识产权、商标、商业机密等，如何取得经营和生产准入等。创业企业还要考虑社会文化、技术、环保与生活形态等问题，例如：如果你的创业跟食品行业有关，就不能把猪肉向穆斯林推销，在没有 5G 基站或通讯设备的地区就实现不了 5G 应用，产品的生产过程或使用材料如果对环境有一定的污染或不利影响，都会对企业的发展造成致命的伤害。这些都是制定营销战略时不可忽略的信息。

创业是跌宕起伏且充满诸多不确定性，必须理性面对。合格的创业者或创业团队应该充分掌握营销的原则与关键技能，包括要学会用最低的成本去获取最高的营销效果，在产品上市之前邀请意见领袖参与体验，为自己的产品或服务在市场上形成良好的口碑，同时还要积极建设强势的品牌，快速占领目标市场。在执行营销组合时，尤其是在推广方面要有弹性的媒体战略，并且快速收集顾客的回馈。在互联网环境下，要适当采取数字营销手段，增加顾客体验和参与的机会，应用大数据跟小数据做好顾客关系管理。

结语

本讲主要基于创业企业的特征，讲述了在数字经济时代的营销战略，为创业企业提供一套从营销战略分析、制定到执行的完整且系统的模型与步骤，分享相关的营销原则与关键技能。营销是创业企业成功的重要因素，创业者应该具备营销知识与技能，要认真倾听顾客的需求，找准市场定位。营销战术要弹性、灵活，要随时关注市场变化，要与时俱进。创业者要诚实面对营销的效果并持续优化。

第七讲
初创企业的知识产权
保护策略

王晔

律师、专利代理人、商标代理人；世界知识产权组织中国区顾问，北京大学国际知识产权研究中心客座研究员，曾任北京大学产业技术研究院特聘研究员、创业导师。主编翻译了世界知识产权组织的《知识产权指南：政策、法律及应用》及《知识产权保护：案例研究》等著作。

知识产权在创业过程中发挥着越来越重要的作用，许多公司因为不熟悉、不重视知识产权，遭受到很大的损失。本讲将从知识产权实务角度介绍知识产权在创新创业以及在企业发展当中能够起到的作用。在创新创业过程当中所涉及的知识产权问题，不仅仅是知识产权保护方面的问题，它还关系到企业的发展。

关于知识产权的基础知识

知识产权的基础知识，就是权利人对哪些客体享有专有的权利。

一般来说，知识产权有七个客体：一是作品；二是发明、实用新型、外观设计；三是商标；四是地理标志；五是商业秘密；六是集成电路布图设计；七是植物新品种。当然还有法律规定的其他客体。

谈到初创企业的知识产权保护，我首先要提第一个问题：初创企业有没有刚才所提到的七个客体的知识产权？

不论是什么样的公司，都需要遵循一个基本的经济规律。一家公司或者实体在社会中生存和发展，首先要解决几个问题：第一，生产什么；第二，为谁生产；第三，怎么生产。这是传统经济学的基本理论。首先，要解决产品的问题。生产什么产品，是生产必需品还是生产替代品，是制造公共产品还是制造垄断性产品。这决定了公司在社会中的定位，以及公司未来发展的定位。其次，要明确面向的客户是谁，也就是说为谁生产。是面对校园里的学生，还是面对普通群众；是面对国内市场，还是面对国际市场。这对公司的发展起着决定性的作用。最后，要解决怎么生产的问题。管理团队怎么组织，怎么规划公司的未来发展，这些都是由基本的经济规律来决定的。

随着社会的发展以及科技的创新和进步，知识产权在公司的设立、运营以及发展当中开始起到越来越重要的作用。知识产权如何重要？可以用做共享单车的 OFO 和摩拜单车这两家公司的比较做分析。OFO 单车结构比较简单，成本是 300 元；摩拜单车的成本是 1000 元左右。为什么 OFO 单车上市后的折损率非常高？是因为它的车胎扎破率和链条损毁率都比较高，有的人还把它锁起来、藏起来。但摩拜单车的折损率则非常低，摩拜单车的锁是和物联网联通在一起的，有很高的技术含量，规避了被盗骑或者私藏的风险。所以，尽管 OFO 单车一开始的成本低于摩拜单车，但高折损率必然导致它之后的成本会远远超过摩拜单车。简单说来，这两种单车的技术含量是不同的，知识产权在其中起着重要的作用。

知识产权是什么？是不是有了创意、设立了运营模式、开发了技术，就拥有了知识产权？这个答案是否定的。为什么？因为从法律上来讲，知识产权是经过法律所确定的一种专有的权利，必须得到法律的承认、法律的许可、法律的确定以后，你才能够对某项技术或某项劳动成果拥有专有的权利。经过法律的确认、登记、注册以后，才能对知识产权客体拥有专有的权利。

通过上面 OFO 单车和摩拜单车的例子来看，他们在初创的时候，便拥有和开发了相应的知识产权，包括专利、计算机软件和品牌商标。所以，初创企业拥有自己的知识产权是很重要的，而且初创企业还要注重对知识产权进行法律保护。

那么，没有知识产权的初创企业是不是就不涉及知识产权保护这个问题呢？事实上，就算企业初创阶段没有知识产权，但是以后一样会面临知识产权保护的问题。在全球化日益发展、科技进步非常迅速的情况下，作为一个企业，如果想要在竞争中处于优势，在经济发展中不被淘汰，能够实现自己的创业目标，除了考虑创意、模式、融资以及投资这些因素之外，还应当考虑知识产权的问题。知识产权不仅仅涉及专利申请和软件著作权登记、商标申请，还涉及整个的企业规划与企业未来的发展。知识产权实际上是支撑初创企业成长、发展以及在市场竞争当中处于有利位置的关键因素。可能在公司设立的时候，大家考虑更多的是产品、销售对象、市场与运营模式等，但实际上，在创意产生的时候，在运营模式确立的时候，还应当考虑支持公司运营模式的知识产权是什么、有没有、能不能有，这就涉及怎样来看待知识产权策略的问题。

知识产权策略包含三个具体的内容：获得知识产权的策略、应用知识产权的策略、保护知识产权的策略。

获得知识产权的策略

怎样获得知识产权？第一是技术研发和专利注册策略；第二是品牌的创立和维护策略；第三是保守技术秘密、商业秘密策略；第四是获得知识产权许可、授权策略；第五是知识产权国际注册策略。

1. 技术研发和专利注册策略

专利，是专利权的简称，指专利权人对发明创造享有的专利权，即国家依法在一定时期内授予发明创造者或者其权利继受者独占使用其发明创造的权利，这里强调的是权利。专利权是一种专有权，这种权利具有独占的排他性。非专利权人要想使用他人的专利技术，必须依法征得专利权人的授权或许可。新颖性、创造性和实用性是专利技术最基本的特征，也是一项专利申请能否被授权的基本标准。我国专利分为发明、实用新型和外观设计三种类型。

怎么进行技术研发？有四个要点：

（1）专利文献及科技情报的搜集与应用

专利文献及科技情报能够反映出相对应的技术在目前世界范围的发展状况。在研发前检索相关技术领域的科技文献、专利文献，能够分析现有技术发展状况、知识产权状况、竞争对手技术发展状况，确定技术研发目标和要求——是超越目前的技术还是改善、应用现在的技术。如果要自己进行研发，就应当根据已有的专利文献来做新技术的研发，避免重复研发、浪费人财物、延误竞争时间、丧失竞争优势。如果自己不进行研发，也可以直接购买专利许可，使用已有的技术，这是对于一个初创公司来讲比较便利的方法。同时，也通过检索专利文献和科技文献避免专利陷阱，免得购买并不拥有专利权的专利，陷入侵权的问题。在研发后，检索相关技术领域的科技文献、专利文献，可以掌握技术发展趋势与现状，完善、改进相关技术，了解竞争对手发展状况，发掘技术许可转让机会，以及预警专利侵权现象及对象。

（2）研发成果专利申请、挖掘

我们研发了新技术以后，要进行专利申请。根据法律规定，世界各国都实行先申请原则。无论这项技术开发的先后，也无论技术实施的先后，要想获得法律的保护，首先应当去进行注册申请。如果两项技术在不同的时间都开发完成了，那么专利权只授予先向管理机关递交注册申请的。所以，研发了一项技术，技术成型以后，就应当尽快第一时间向专利局提交专利申请。专利申请文件的撰写需要一些专业技巧和知识，可以请专业人员来代写专利申请文件，尽早递交。

在专利申请过程中有一个技巧，可以维护垄断的地位。当一项技术开发完成以后，为了避免竞争对手侵犯你的专利技术和威胁竞争地位，可以对这项技术相邻、相关的技术进行研发。尽管不去使用，但是要递交专利申请。这时候专利申请有两个作用：第一，如果你获得了授权，那么这些相关技术的专用权是你的；如果没有获得授权，那么这项技术实际上就公开了，就不会为你的竞争对手所专有，不会影响你的发展。第二，在递交专利申请、撰写专利申请书的过程中，会对技术有更深入的理解，这可能会发掘出新的技术或者新的发展趋势。

（3）研发成果知识产权归属管理

一项技术获得研发成果，去申请法律保护的时候，首先应当确定这项权利归谁。这里要明确几个概念：发明人与申请人、申请人与权利人、个人发明与职务发明。

一般来讲，发明人就是这项专利的所有人。但是对于公司或研究机构这样的集体单位来说，发明人可能就不是权利人，该项发明的权利可能归属于发明人所在的单位。但是一般情况下，专利的申请人就是权利人。

同时还要注意个人发明和职务发明的区别。比如摩拜公司对车架专利的一个申请，发明人有胡玮炜，还有另外的人，但是这项权利归属于摩拜公司。个人利用单位的资金、资料以及条件所发明创造的一项技术，按照法律的规定，尽管发明人是个人，但它的权利归属于这个单位，这属于职务发明。

（4）研发成果文件资料保密管理

要对研发的技术文件、专利文件等所有的知识产权相关文件进行严密的管理，这对公司未来的发展及遇到知识产权侵权时维权起到非常重要的作用。

2. 品牌的创立和维护策略

技术研发、专利注册决定了公司内在的本质以及竞争力。但实际上我们在社会上认识一个公司、识别一个公司，能够对一个公司产生信赖，靠的是它的品牌和商标。品牌和商标当中凝聚了公司内在的品质、水平以及技术。

品质是企业的生命，是由企业的技术、管理、文化、社会形象所构成，决定着企业的生存与发展。品牌是一种识别标志、一种精神象征、一种价值理念，是企业优异品质的核心体现。品牌凝聚着消费者对企业、产品的诚信评价，承载着社会对企业信誉、企业文化、企业理念、企业产品或服务质量的认知、认可和信赖。

（1）品牌和商标的设计原则

品牌的内涵可以通过商标体现出来，品牌和商标的设计有三个原则。

第一个是 X 光原则。X 光的特点是具有穿透力。品牌一定要有穿透力，企业所生产的产品、所提供的服务以及企业内在的性质要通过一个品牌表现出来，使消费者了解商品、了解企业。

商标传递着商品和企业的信息，承载着消费者对商品及企业的认知，体现企业的地位、声誉、形象。因此商标要形象、生动、鲜明地体现出商品及企业的特质，做商标设计要对商品和企业有深入的了解和领会，包括：了解商品特性、种类、商品定位、目标市场、消费对象等；了解企业宗旨、理念、文化、核心价值、经营策略、行业特征、老板意愿；了解商标使用目的、适用范围。

第二个是眼光原则。要了解品牌真正的消费者是谁，市场在哪里。品牌设计要着眼于消费者，放眼市场。即针对消费者的喜好，满足消费者的需求，适应市场发展，传达明确的信息，包括企业的经营理念、产品性能用途等。

商标设计要符合消费者的直观接受力、审美意识、喜好品味、社会心理和禁忌，还要适应不同市场环境、时代发展。商标必须适应时代的发展，在适当的时候进行合理的调整以避免被时代淘汰。此外，还要尊重民族特点、风俗习惯、文化背景。

第三个是阳光原则。即要经得起阳光"曝晒"，符合法律规定，例如，法律绝对禁止性规定；法律相对禁止性要求；驰名商标保护的要求；商标相同、相似性的要求。

不能注册商标的绝对理由有以下几种：

① 不得与我国国家名称、国旗、国徽、国歌、军旗、军歌、勋章相同或近似。

② 不得与国家机关的名称、标志、所在的特定地点的名称或者标志性建筑物的名称、图形相同。

③ 不得同外国的国家名称、国旗、国徽、军旗相同或者近似。

④ 不得同政府间国际组织的名称、旗帜、徽记相同或者近似。

⑤ 不得与官方标志、检验印记相同或者近似。

⑥ 不得同"红十字""红新月"的名称、标志相同或者近似。

⑦ 不得有以下地名：县级以上的地名；公众知晓的外国地名（具有其他含义、集体商标及证明商标组成部分表示申请人所在地的除外）。

不能注册商标的相对理由有以下几种：

① 不具有显著特征的、不易识别的标志（经过使用取得显著特征的标志除外）。

② 与在先商标权、版权、外观设计权、商号权、姓名权等相冲突的；不得复制、摹仿、翻译他人驰名商标。

③ 相似商标。相似商标包括：商标文字的字形、读音、含义近似；商标图形的构图、着色、外观近似；包含他人在先商标图形。

（2）商标注册

① 申请前进行检索，避免相同与相似商标。确定独有商标品牌的设立对公司的发展起着很重要的作用，一定要慎重，避免侵权。

② 要把握先申请原则。抢占先机，及时注册。

③ 要确定主辅商标。商号与商品品牌不完全相同，要有一个整体的规划。

④ 确定防御范围。防止仿冒，保护发展空间。

⑤ 域名注册。

3. 保守技术秘密、商业秘密策略

商业秘密是不为公众所知悉、能够为权利人带来经济利益、具有实用性并经权利人采取保密措施的技术信息和经营信息。包括：Know-how、技术资料、原料配方、生产工艺、试验数据、检测报告、操作记录、客户名单、采购信息、营销策略、购销合同、定价策略、投标文件等。

商业秘密的构成要件有以下几条：

① 商业秘密必须处于秘密状态，不为公众所知悉，即不为特定的相对人所知悉。

② 具有商业价值的有用信息，能够为拥有人带来直接或潜在的经济利益。

③ 拥有人对该商业秘密采取了相应的保密措施，使其保密性处于受控状态。

④ 商业秘密的对象仅指技术信息和经营信息。

如何让资料成为受法律保护的商业秘密呢？要做到以下几点：

① 梳理、判别、分类管理生产经营活动中形成的各类技术

和经营信息。

② 建立保密管理规章制度和措施。

③ 监管和控制生产经营活动各个环节所涉及的商业秘密——采购、生产、市场宣传推广、技术引进、信息收集。

④ 对员工进行保密教育与管理，如竞业禁止审查、约定与签署保密合同。

什么叫商业秘密侵权呢？它包含以下几个方面：

① 以窃取、利诱、胁迫或者其他不正当手段获取商业秘密。

② 披露、使用或者允许他人使用以上述手段获取的商业秘密。

③ 违反约定或者违反保守秘密的要求，披露、使用或者允许他人使用其掌握的商业秘密。

如果商业秘密被侵权，可以通过以下措施进行维权：

① 向县以上市场监督管理机关请求处理，责令停止侵权，罚款 1 万—20 万元。

② 向法院起诉，制止侵权。

③ 向公安局报案，追究刑事责任（造成损失 50 万元以上），处以 3 年以下的有期徒刑。

如果被控商业秘密侵权，对技术信息或经营信息的获取方式、途径、手段违法，对获取的技术信息或经营信息的使用侵犯他人商业秘密，可以采取以下措施应对：

① 分析商业秘密内容，确定其构成。

② 确定其是否属于公开信息，收集证据。

③ 收集、提供合法取得商业秘密的证据。

④ 将自身采用的技术信息或经营信息与对方的进行比对、分析，区分不同。

⑤ 提出保密请求，要求诉讼参与人承担保护责任。

4. 获得知识产权许可、授权策略

如果一个公司初创的时候，没有自有的知识产权怎么办？可以采用获得知识产权许可策略得到相关的知识产权，包括：向专利权人申请专利许可；向商标权人申请商标许可、版权许可；与权利人进行商谈，得到他的商业秘密授权许可；或者向经营者申请设立连锁经营店，得到他的许可，用他的品牌和技术，进行特许连锁经营；还有代言和角色营销。以上这些都是利用知识产权许可策略为企业发展创造一些条件，根据法律规定来获得经营发展的一些便利因素。

5. 知识产权国际注册策略

研发成果的专利申请，要考虑到国际范围。世界知识产权组织有三大服务体系：专利国际申请体系、商标国际注册体系以及外观设计国际注册体系。这些体系是根据世界知识产权组织所管理的 26 个国际公约当中的专利、商标和外观设计注册的公约所建立起来的。世界知识产权组织提供的专利国际申请体系（PCT），是申请人通过国家主管受理局，将申请直接提交到世界知识产权组织，由世界知识产权组织将申请送达到申请人所想要获得保护的国家，由这些国家进行审查和授予知识产权。商标国际注册体系和外观设计国际注册体系，是商标权人或者外观设计权人可以通过世界知识产权组织，将其商标或者外观设计在世界各国进行登记注册，以获得各国的法律保护。

应用知识产权的策略

知识产权的应用应该以市场需求为导向，以解决问题为根本，实现经济收益和社会效益最大化。目前知识产权应用有八种方法。

第一，知识产权产业化。将知识产权资产直接投入生产、销售等经营环节当中。

第二，知识产权出售。对于自己公司不用的或者对公司市场发展竞争力没有影响的，可以出售获得经济收益。

第三，知识产权储备。开发、受让、收购相关知识产权，整合知识产权资产，扩充知识产权实力，获得更多安全保障和进入新业务领域的机会。

第四，知识产权许可。通过授权方式，获得知识产权资产收益，或者购买知识产权许可，以期获得未来收益。授权是将知识产权资产通过排他许可或者普通许可的方式授予他人使用知识产权资产的权利。购买许可是购买应用知识产权的特许权利。

第五，知识产权质押。以知识产权资产（知识产权中的财产权）为标的出质，从而获得企业发展的资金。

第六，知识产权出资。以知识产权作价，出资新设立经济实体，或进行增资。

第七，知识产权信托，即知识产权信用委托。以所拥有的知识产权资产作为信托财产设立信托，以获得融资或其他收益，实现知识产权资产价值。为了获得利益，委托人基于对受托人的信任，将其知识产权财产委托给受托人，由受托人对该知识产权资产进行管理或者处分。

第八，知识产权证券化。以知识产权资产作为基础资产所进行的资产证券化业务。

保护知识产权的策略

知识产权保护不是单方面的，而是双向的。我们不但在市场上要保护自己的知识产权，同时也要保护别人的知识产权。对自己的知识产权的保护，不是等到权利受到侵害以后才进行保护，而是在知识产权的研发过程中就开始了。

在研发阶段，就应当通过对专利信息、技术、商标等信息的检索，了解技术发展的状况和竞争对手品牌的情况，避免运营中产生的侵权问题。同时，也预测竞争对手或市场主体会在哪些方面来侵害自己的权利。

在应用阶段，存在合法应用的问题。知识产权获得了法律的保护注册以后，也不是就可以随便地、任意地去用的，超过了法律规定的界限可能就侵害了别人的权利。在专利技术应用阶段还要注意防御。了解到发生侵权问题的时候，利用相应的国家法律保护体制来保护自己的权利。对于知识产权侵权行为，我们国家实行双轨制，采取行政保护与司法保护的方式对知识产权进行保护。对于他人的知识产权，同样也应当按照法律的规定予以尊重。

在研发阶段要避免侵犯他人的知识产权；在应用阶段如果没有相应的知识产权，应当向权利人获得授权，来使用他人的专利、品牌或者版权。

知识产权的保护途径

在我们获得权利、确定权利的时候，我们首先要得到国家相应的管理机关的审查和授权，这就是一个行政保护的初始阶段。当我们的权利产生纠纷的时候，我们就应当要求国家行政机关、专利局、商标局对我们的权利进行审查，予以确认。如果说是在使用的过程当中，发生了侵权的现象，无论是自己的权利受到侵犯，还是我们侵犯了他人的权利，都可以要求行政机关利用行政权力进行查处，还可以向司法机关提起法律诉讼来进行保护。

知识产权保护的对策和方法

首先，关键的一点就是一定要防患于未然。国内很多的企业做得不够好，往往都是关注权利受到侵犯以后怎样采取措施，实际上在前期如果采取相应的防护措施的话，就可能避免知识产权侵权的发生。企业应当制定出发展、应用、保护自主知识产权的规划，制定出知识产权战略；对企业、产品、市场进行客观分析定位，有预警，知己知彼；还要确定知识产权保护的策略与布局，包括知识产权的开发、设计、注册、监视等。

其次，在应用知识产权时，我们的任何一个程序、任何一个合同文件以及任何一个市场的行为都要符合法律的规定。要签订合法、完善、有效的合同；完整、妥善保留知识产权交易文件资料；完整、妥善保留代理商、市场推广、产品销售资料；完整、妥善保留开发、使用知识产权的资料。

再次，要清楚被诉侵权以后，应当怎么去做。第一步要冷静地分析案件的实际情况，关键点是要确认权利的法律状态——确定知识产权是不是真实的、合法的、稳定的。之后，可以采取一些相应的措施，协商、诉讼并行，充分利用证据规则进行诉讼。

最后，发挥专业律师的作用。在知识产权保护过程中，以及在知识产权的开发、申请、审查、应用过程中，专业律师起着相当大的作用。专业律师有相应的专业知识，不但受过法律的教育，也具有相应的专利、商标专业知识。他能够对知识产权的案子进行客观公正的评估，从专业的角度进行分析理解，以及能够把控从技术研发到权利确认、权利保护的整个过程。所以，如果企业在发展中遇到知识产权问题，应当及时咨询专业律师，使企业可以健康顺利发展。

强调知识产权保护，实际是为了企业能够有一个很好的发展，能够在市场当中拥有竞争力，能够使初创企业长久地赢利。知识产权保护的最终目的不是要诉讼，真正的目的是要无讼，不要有法律的纠纷来影响到企业的发展。为了做到无讼，应当把所有的工作做在前面，要不治已病治未病，不治已乱治未乱。在公司初创的开始运行阶段，就应当全盘地设计、研发、管理自有知识产权，将知识产权的研发、应用、保护与企业的发展、长期规划、市场布局紧密结合起来，这样才能够使初创企业有一个好的开始，并且有一个好的未来。

第八讲

初创企业的商业模式创新

陈东敏

北京大学前沿交叉学科研究院教授；松山湖材料实验室常务副主任；联合国知识产权组织全球创新指数研究中心顾问（中国）；曾任北京大学创新创业学院筹备组组长、北京大学科技开发部部长、北京大学产业技术研究院院长。

曾任美国哈佛大学 Rowland 研究院所长顾问委员会成员，量子器件物理研究室主任；中国科学院物理所／北京凝聚态物理国家实验室主任。连续创业者，曾任美国硅谷 4-D-S 公司的首席科学家，核心技术发明人；美国硅谷 Miradia Inc 公司创始人和董事 CTO。

商业模式

创业企业需要找到一个市场痛点，同时找到一个创新点，还要把创新的想法转化成产品或服务，把产品或服务卖给需要的人，最终实现经济、社会、文化等价值。

那如何定义一个产品或服务呢？这其中包括怎样把创新的想法转化成产品或服务、产品或服务怎样切入市场以及把产品或服务卖给谁，卖给谁反过来也决定了怎样来定义产品或服务。举一个教育游戏的例子。假设我们想做一款教育游戏，即以游戏的形式来实现教育的功能。要怎样定义这款教育游戏呢？这款教育游戏的使用者是儿童，所以我们把儿童确定为用户，但是这款教育游戏的购买人是儿童的父母。如果这款教育游戏没有教育功能，儿童的父母是不会购买的；但是如果这款教育游戏缺乏趣味，儿童玩了不到一个小时就扔到一边，也不是成功的产品。显而易见，这款教育游戏，既要服务于儿童，又要满足儿童父母的需求。

产品设计的下一个步骤是怎样赢利。在现有大企业占有很大市场份额的前提下，初创企业该怎样进入市场、初创企业的第一批客户又是谁，这是需要初创企业认真研究的。没有那么多资源、也没有品牌优势的时候，尤其要细分客户，并且形成真正可赢利的商业模式。更进一步，要用已形成的商业模式来验证创新的想法是否可行。这是一个迭代升级的过程：一个解决方案不可行，立即推倒重来；一个商业模式不可行，立即推倒再来。

商业模式是什么？如果说初创企业是一个临时机构，其主要任务是去寻找、发现、发展一个可拓展并可重复的商业模式。那么商业模式就是创办企业最基本的原则和逻辑，即企业怎样创造、传递和获取价值。

所有企业都要做三件事情。第一件事是创造价值，产品能够解决痛点。第二件事是把价值传递给尽可能多的用户，价值传递这一步能不能成功，关系到销售能不能成功，关系到企业最终会不会赚到钱。第三件事是要获取价值，把产品价值给了用户，同时从用户处获得收入，这是企业赢利的重要基础。一家成功的企业会在这三个方面构造一个非常好的逻辑，可以优化价值的创造、传递和获取。

我要强调商业模式的一个基本原则是，一定要让链条整体利益最大化，一定要实现价值链中所有利益相关者价值最大化。我们可以看到，任何一家企业都无法从头到尾获得整个价值链的所有价值，换言之，任何一家企业都处于某一条价值链中的某一个环节。从企业往外看，我们会发现企业处在产业的生态圈中，因此，一个企业构造的商业模式，需要既要让自己挣到钱，又要让上下游合作伙伴挣到钱。但是价值链上也有高价值和低价值之分，同样处于手机产业链，富士康公司赚的钱和苹果公司从一部手机上赚的钱不是一个数量级的，这两者的商业模式也完全不一样。我们创建一家企业，要努力在产业链里做最有价值的环节。

信用卡商业模式的三次创新

商业模式的逻辑看起来非常简单，就是一句话：一个好的商业模式最终总是能够体现为获得资本和市场认同的独特企业价值。实际上，发展一个商业模式的过程是相当困难的。信用卡的商业模式从出现到成熟，就经过了向个人收费、双边收费、向商家收费这样的漫长发展历程。

最早使用信用卡的是美国的西尔斯百货公司。那时人们的工资是 1 个月发 1 次或者 2 周发 1 次，如果一个人不精打细算，月中就会把钱花完。西尔斯百货公司为了更好地推动销售，推出了一个借贷促销的方式。具体而言，顾客来西尔斯百货公司购物，可以先从商家借款，这部分借款是需要支付利息的，顾客拿到工资之后再与商家按月结账。正因如此，西尔斯百货公司才能够把一部分客户从竞争对手那里抢过来。这就是信用卡最初的模式。

1949 年，有人把一批餐饮公司组织起来共同发行信用卡，于是出现了可用于多个商家的联合信用卡。人们拿着联合信用卡，就可以先到餐厅去吃饭，2 周之后再到餐厅去结账。但用户必须要入会并缴纳会员费。这是信用卡模式的第一次创新——组织商家构成联盟，由联盟来发卡。在这个模式里，商家支付 7% 的手续费，用户缴纳会员费，用户在 2—3 周之内结账不用支付利息。信用卡的模式就成了双边收费。

1966 年，随着信用卡的发展，美国银行发现了这个产品，但联合信用卡是联盟给餐饮公司及其顾客发，西尔斯百货公司给自己的顾客发。美国银行想，我的客户那么多，干脆发一张餐饮公司、百货公司全都能用的信用卡。但美国银行很谨慎，为了降低风险而提出了"循环信用额度"这个模式——根据每个客户的收入水平来设定客户可借款的额度，当客户用完了额度，就不能再赊账了，除非客户结账，额度才会空出来。

1976 年，美国银行信用卡正式更名为 VISA 卡，并专门成立了信用卡公司来提供服务，这时候的信用卡模式已经变得比较像今天使用的信用卡了。现在的信用卡模式是：消费者在 28 天内免费使用信用卡；为了鼓励消费者去使用信用卡，由商家支付交易金额的 6%—8% 的手续费给信用卡公司。是什么样的逻辑使得商家愿意支付手续费？所有商家都有各自的竞争对手，消费者愿意大量使用信用卡而不带现金，哪个商家不能用信用卡消费，消费者就到这个商家的竞争对手那里去。正是消费者倒逼着商家使用信用卡，信用卡公司才有机会从商家那里收费。

沃尔玛模式与戴尔电脑模式

戴尔电脑最早做的是台式计算机。那时，美国最著名的台式计算机公司是康柏电脑，康柏电脑几乎垄断了美国所有的台式计算机市场。戴尔电脑想进入这个行业，就需要通过一个新的模式去竞争，戴尔电脑采用了与沃尔玛非常相似的模式。

虽然沃尔玛是百货商场行业的后来者，但是沃尔玛研究了整个行业的价值链，发现商超的库存成本很高，所有百货商场都要提前 6 个月甚至 1 年预先订购货物，先存在仓库里，再慢慢去销售，这笔费用要商家承担。那个时候已经有通信卫星技术了，基于此，沃尔玛认为，如果自己能够创造一个技术体系，用以跟踪所有货物的物流并且及时统计库存量，那么自己就可以把库存的成本压力推给供应商。

接下来的第一步，沃尔玛使用了联网的收银机器。这个应用使沃尔玛总部当天晚上便能知道全部店面的销售情况，什么货物销售得好、库存量有多少等，并且无论是东部还是西海岸的店铺，当天晚上就能够订购货物，还可以要求供应商必须在规定时间之内送到。沃尔玛的订购量这么大，沃尔玛利用自己的优势使所有供应商不得不做内部调整。沃尔玛是最早使用卫星定位跟踪物流体系的公司，公司能够通过信息化管理知道某辆货车跑到哪儿了、在哪儿卸了货、进了哪个仓库。这样，沃尔玛就把库存费用全部省下来了，使得它可以用更高的价格订购货物，以更低的价格销售商品，因而比其他百货商场更有竞争力。

考虑到整个价值链必须受益，沃尔玛在挤压了成本、增加了利润之后，与价值链的上下游分配这些利润（如用更高的价格订购货物），从而实现了价值链中所有利益相关者的价值最大化。这样的做法非常有战略思维，虽然其上游没办法干预沃尔玛赚的钱，但是如果不共享利益，那么沃尔玛的模式就会走不下去。这是因为如果与沃尔玛合作的厂家不赚钱，不是会倒闭，就是会在产品质量上出问题，最终沃尔玛也会失败。

戴尔电脑做了一件类似的事情。在戴尔电脑进入市场时，台式计算机通常有高、中、低三种配置：面向企业的高端配置、面向高收入人群的中端配置以及面向一般收入人群的低端配置。戴尔电脑刚开始也是通过中央处理器、显示卡、内存等来配置不同的台式计算机，每隔 6 个月新生产一批，但是很快戴尔发现，企业的类型太多了，市场上统一配置的台式计算机不能真正满足不同企业的需求。因此，戴尔提出了"量身定制"销售台式计算机的模式，即先把基本零部件采购进来，再根据不同企业的使用需求进行个性化制造。具体而言，软件公司需要中央处理器的处理能力更强、存储器的存储能力更大，一般的公司就不需要这么高的配置。通过优化配置，戴尔电脑可以帮助客户做到性价比最高；客户下单之后，戴尔电脑保证在 2 周之内把计算机交付到客户手上；整个戴尔电脑的内部结构为了这个创新的商业模式而进行了优化。戴尔电脑利用创新的商业模式把企业用户从康柏手上全部抢了过来，虽然其中并没有任何技术创新。

价值创造、传递和获取的成本

价值的创造、传递和获取，三者缺一不可。在这个过程中，我们需要特别关注利润率这个概念，因为在价值的创造、传递和获取过程会产生成本。

一家企业大概要考虑四种成本。第一种是研发成本，包括设计、写软件、做原型等。第二种是生产成本，就是生产制造产品而产生的成本。第三种是运营成本，包括用于人力资源、法务、财务、税收、企业文化、厂房、办公场所等的管理性成本。第四种是营销成本，不管采用哪一种营销模式，每发展一个客户群就要承担一笔费用，这是获客成本。

产品的毛利率等于单位销售价格减去单位制造成本。因为企业还要支付研发成本、运营成本、营销成本等，所以产品的毛利率越高越好。而生产制造部门的任务之一就是把单位制造成本压得越低越好。如果只生产一件产品，贵贱无所谓。但如果要销售100万件产品，企业就要找到一个商业模式来控制研发成本、制造成本和营销成本。即使是服务类产品，也要将服务单个客户的各种成本控制下来。

优化获取客户的过程，即怎样做到获客成本最低，用什么方式发展客户群，是商业模式非常重要的部分。例如，信用卡公司把成本从消费者身上成功地转嫁到了商家身上。信用卡公司免费给消费者使用信用卡，消费者一旦大量使用信用卡，商家一定会主动来找信用卡公司。这样，信用卡公司用了很低的成本就把商家给发展起来了。

产品的定价策略

要完成价值获取，产品定价非常重要。咨询公司通过研究1200家跨国企业发现，如果能够把产品的平均价格提高1%，利润就会增长11%。

怎样实现压低成本的目的呢？来看看微软公司的做法。微软公司操作系统的研发成本固定之后，印一个光盘仅需1美元，操作系统的售价却达几百美元，操作系统的毛利率自然可达80%—90%。但微软公司不是这样来谈定价的。微软公司提出，微软公司的操作系统能够给客户带来生产力的极大改进，购买操作系统500美元，但客户获得的生产力是5000美元、50000美元……微软公司用产品所能创造的价值来说服客户。因此，真正好的定价要基于产品为客户创造的价值。这是定价最重要的原则。

另一个定价的原则是，基于市场调研，什么因素是客户购买产品时主要考虑的。举一个与老龄化相关的人造膝盖的例子。人的膝盖到了 70 岁就容易出问题，现在人造膝盖的材料和技术都非常完备，使用效果也不错。假设 1.0 版本的人造膝盖可以使用 15 年，在美国售价 2500 美元，美国的医疗保险也刚好可以覆盖。但是 1.0 版本的人造膝盖可能在人到 85 岁时就不能使用了，因而长寿的人需要做第二次关节置换手术。如果有一家公司优化了材料和技术，做出了可以使用 20 年的人造膝盖 2.0 版本，绝大部分人一辈子只用换一次膝盖，那就有了竞争优势。那么，新产品该怎样定价呢？有两种定价策略：一是价格提高到 4000 美元。因为医疗保险只覆盖了 2500 美元，所以病人还要自付 1500 美元。有没有人愿意掏这笔需要自付的钱呢？有，但是掏得不痛快。购买了医疗保险还要自己再掏钱，抵触心理就来了，这个定价就变成了销售阻力。二是不提价，售价仍然定为 2500 美元，把优惠给病人，这样就能打败竞争对手，从而垄断市场。到底哪一个定价体系是正确的，企业需要研究客户的真实想法，在新产品投放到市场之前进行定价调研。

　　固然所有价格都受竞争对手同类产品价格的约束。但是，有一些粉丝对产品的价格一点儿都不敏感。例如，只要是苹果的产品，苹果的铁粉就一定会购买，甚至会通宵在苹果体验店门口排队。针对这种少数的、极端的粉丝，产品定价可以很高，但要限定在一个特定的时间段内，让这部分客户先用 1 个月、2 个月或 6 个月，充分满足这部分客户的心理愉悦感。之后才有第一批产品的批量销售，然后是第二批。这就是分阶段的产品销售。

有些公司采取的定价策略是，先按照性能将产品分为高端、中端和低端，再根据分类结果制定相应的价格。但是，一些品牌价值无穷的公司就永远不会用自己的品牌去制造一个低价格产品，例如苹果给消费者带来的品牌信息就是苹果永远做最酷的消费产品。在这种情况下，企业考虑的不只是商品价格本身，而是整个公司的商业价值。但初创企业还没有形成自己的品牌，投放新产品到市场的时候，通常市场更习惯新产品免费使用。这时，初创企业就要谨慎选择由谁免费使用新产品。这批客户叫做灯塔客户，灯塔客户是有引导性的，对市场的影响非常大。例如，如果苹果用了某项新的触屏技术，那么三星、华为、小米大概率也会用。因此，初创企业情愿让灯塔客户苹果免费使用，因为一旦苹果的竞争对手知道苹果使用了最新技术，就会向初创企业来购买这项技术。

不容忽视的是，降价容易，提价几乎是不可能的。因此，不要指望先用低价格进入市场再提高价格，除非能一举垄断市场。

价值获取的模式

价值获取的模式有很多种。不同的产品与市场会采用不同的价值获取模式，以在不同意义上实现企业的利润目标。任何一家企业都需要成功的价值获取模式，并且企业的价值获取模式一直都在发展与创新，未来我们一定还会看到更多创新的价值获取模式。

第一种模式：一次性交易 + 服务性模式

一次性交易 + 服务性模式是一种经典模式，基本上大部分商品都采用这种模式。例如，消费者花 5000 元购买了一部手机，又购买了每月 5 元的售后服务，这样，如果消费者在使用中不小心摔坏了屏幕，就可以免费来换。这种模式的优点是现金流回笼非常快。

第二种模式：按小时收费模式

按小时收费模式是按实际工作量、资历和名气收取客户费用的一种做法。例如，律师在国外就是按小时收费的，因为无法确定一场官司需要几天结束。这里面有两种具体的收费方法，一种是按赔偿金额的某个百分比收取律师费，一种是按小时数收取律师费。

第三种模式：订购模式

订购模式把一次性支付的成本分摊到未来一段时间中去，降低了客户购买的阻力，还把竞争对手的客户抢了过来。例如，消费者如果觉得苹果手机太贵了，一次性支付会有困难，联通就给出了解决方案——免费给用户一部苹果手机，但是用户必须和联通绑定2年，每个月支付200元服务费。

第四种模式：许可模式

采取许可模式的企业不生产具体产品，而是把发明的技术、开发的产品等许可给客户去生产。高通公司和ARM公司在这种模式上做得非常成功。智能手机的迅速发展得益于手机基带芯片技术的发展，这项技术是通信技术和管理系统技术的集成。手机基带芯片同时使用了高通公司与ARM公司的专利，但这两家公司自己都不生产芯片，而是把专门为手机设计的基带芯片的技术设计方案卖给了其他手机厂商。这两家公司采用创新的商业模式，共同满足了特定市场的需求，从而把著名的中央处理器公司英特尔挤出了手机行业。

第五种模式：耗材模式

耗材模式的现金流回笼较慢，因此，采用这种模式的企业需要有较好的现金流。例如，个人电脑普及之后，惠普针对"对于个人客户而言打印机很贵"这个问题，采用了一个创新的打印机销售模式——按照成本价把打印机卖给客户，而购买了打印机的客户必然会持续不断地购买墨盒，这样惠普就通过卖墨盒慢慢地把打印机销售中低于成本价的那部分钱收回来了。

第六种模式：租赁模式

租赁模式也能够降低市场营销的阻力，快速把客户群发展起来。汽车租赁采用的就是这种模式。客户不用买车，每个月交租金用以租车，36 个月之后可以换一辆新车。这种模式对中高收入的人群非常方便，永远不用修车，还总是能开新车。

第七种模式：广告模式

互联网公司大多使用广告模式。例如，用户在使用百度搜索引擎时，搜索结果有很多都是广告，这就是百度从广告商那里赚钱的手段。

第八种模式：消费者商品模式

消费者商品模式是非常传统的商业模式。商品流通有三种销售渠道。第一种是直营渠道，像苹果直营店、星巴克咖啡馆，这一类产品的品牌商业价值通常很高，不需要别人代理。第二种是分销商渠道，如淘宝小店，生产商品的企业自己不建销售网络，而是通过分销商把产品分散到很多商家销售。第三种是与固定的渠道合作，类似于西单商场、梅西百货这样的百货商场。

第九种模式：制造业模式

中国是个制造业大国，通常有三种制造类型：第一类是合同制造，企业自己没有产品，代工生产；第二类是原始设计制造，品牌价值低、没有品牌效应的生产企业帮采购方设计、制造，贴上采购方的品牌，这类通常不是最前沿的技术；第三类是针对电子器件的电子集成商，生产企业购买回全部零部件来集成产品，贴上合作方的品牌。

但互联网发展给每个行业都带来了巨大的冲击，工业 4.0 开始颠覆传统的制造业模式，提出了 M to C（Manufacturer to Customer）模式，直接从制造到客户，这减少了其间的很多环节和过程。

第十种模式：特许专营模式（也称连锁店模式）

特许专营模式（也称连锁店模式）做得最成功的就是在全球授权了 55000 多家的 7-ELEVEn 便利店。这种模式在欧美国家也非常成功，中国的美容美发店已经开始复制这种模式了。

作为一种高潜力的创业模式，特许专营是一个经营方和授权方共担风险、共享利润的模式，激励机制非常好。首先，这种模式的产品高度标准化。授权方负责产品的设计和质量管理，剩下的工作就是建一个店面去经营、销售及推广。其次，这种模式统一管理品牌，经营方的信誉和影响力来自授权方，营销促销由授权方统一进行。

这种模式没有产品研发的费用，不需要很大的创业资本，非常适合小微创业。反过来，一家新创企业如果拓展资本不够，也可以采用这种模式与很多小企业合作——初创企业来负责产品的设计、品牌的建设和营销促销的活动，合作小企业来负责经营、销售及推广。

第十一种模式：多边平台模式

多边平台模式在互联网时代特别盛行，这是因为互联网的社交性和社区网络文化使多边交易变得非常容易、成本极低。多边平台是指通过使两种或两种以上类型的附属客户群之间产生直接互动，来创造价值的组织机构。

　　在传统的经销商模式中，生产商 A 经过分销商 B，把产品卖给客户 C，A 与 C 两者之间，没有直接关系，只通过 B 来发生关系。互联网出来之后，这种模式变得有趣，A 和 C 有相互的需求，但这两者很难见面；第三方平台 B 的出现就变得理所当然了，B 为 A 和 C 创造了价值，满足了两种不同类型的客户群的需求，使之可以发生互动。使用这种模式最成功的是谷歌。谷歌利用互联网信息技术为用户提供免费的搜索服务，谷歌通过搜索技术和免费制度迅速地把用户群发展到几百万、几千万、几亿，然后拿着用户数据找广告商投放广告。和传统广告相比，谷歌广告的优势在于：谷歌能通过用户的搜索信息来分析用户的兴趣，从而使广告投放更有针对性。谷歌超大规模的用户群极大地降低了每笔交易的成本，这使其能够一直为终端用户提供免费的搜索服务，同时质优价廉地为商家投放广告。

　　现在，多边平台模式也在不断创新，产生了所谓的多边混合平台模式。例如，一家销售音乐的公司为用户提供免费音乐，但是用户要收听 1 分钟的广告，如果你不想收听广告，每月缴纳会员费变成高级会员就可以实现。这种模式既可以向用户收费，又可以给用户免费，同时向广告商收费。很多视频网站，如腾讯视频、爱奇艺、优酷就采用了这种混合平台模式。混合平台的一端是纯分销模式，另一端是多边模式，在这个价值链条中，企业可以灵活构架多种不同的模式。

第十二种模式：互联网电商模式

互联网的出现对传统商业模式产生了巨大冲击。线下店、线下百货商场的很多成本通过电商全部可以节省下来。这就出现了 B to B（Business to Business）、B to C（Business to Customer）的互联网电商模式，客户在淘宝、京东等互联网电商平台上就可以完成购物。虽然很快捷便利，但是消费者可能对购买回来的商品并不满意，于是又催生了 O to O（Online to Offline）这种线上线下相结合的模式。

第十三种模式：共享经济模式

共享经济模式的特点在于：共同使用资源，从而节省成本。共享经济是利用互联网等现代信息技术整合、分享海量分散化闲置资源，以满足多样化需求的经济活动的总和。共享经济模式最成功的案例就是优步拼车。"拼车"这个概念根本不新，20 世纪 70 年代，美国的石油非常昂贵，老百姓买得起车买不起油。怎么办呢？大家就在公司贴个广告，住在同一个社区的人拼车，油费大家分摊。互联网时代，拼车的成本更低了，大家不需要在同一个公司工作，也无须认识。"如果你上班路过我家、路过我们公司，那么你就可以载我一程。"

因为优步拼车不用缴纳出租公司的税钱，所以节省下来的这部分钱就可以分给用户和司机，优步拼车只抽取很小的利润。这利润虽然小，但是乘上互联网用户巨大的基数，优步拼车的估值达到了700亿美元，等于世界最著名的汽车公司奔驰这家百年老店整个公司的价值。但是优步拼车自己一辆汽车也没有，一个司机也没有，只用一个软件平台和共享经济模式就达到了700亿美元的估值。

当然，优步拼车的共享经济模式，现在有些变形，也涉及很多安全问题、法律问题、纳税问题、员工保险问题，因而其发展在一些国家或地区受到了限制。实际上，优步已经不是最初拼车的概念了，优步拼车是用一种新的模式雇用别人从事出租车行业，找到了互联网技术和共享经济的利益结合点，并分给了价值链中所有的关联者，这才是优步拼车创新的核心。但其过程中出现的问题必须通过法规来纠正和完善。

第九讲

初创企业融资与资源管理

韩树杰

未名众创（北京）管理咨询有限公司创始人；天使投资人，微合空间孵化器创始人；中南财经政法大学等校兼职教授；中国社会科学院研究生院等校 MBA导师；北京大学、中国海洋大学等校创业导师；中国中小商业企业协会人力资本分会副会长。

初创公司 3 年之内是风险最大、死亡率最高的发展阶段，通常死亡率高达 95%。此前，创业者通常是具备一定的基础和条件才开始创业，这些条件包括：行业经验、专业能力、资金积累、广泛人脉、客户关系。目前，各级政府部门提供了针对创业、投资、孵化器的政策和资金支持，各路资本也不断涌入，推高创业投资热潮，孵化器如雨后春笋般遍地开花，真可谓万事俱备。从创业者自身来说，如果缺乏创业认知和基础准备，就需要学习、训练和升级，重点要在创新能力、创业方法、创业家精神这三个要素上提升认知、不断修炼。

　　首先，谈谈创新能力。创新是永恒主题，不具备创新能力就不具备竞争优势。不要认为创新遥不可及，无论是理论创新、技术创新、产品创新，还是创业模式、商业模式、组织模式创新，生意不在大小，创新随处可见。

其次，讲讲创业方法。创业有其科学性，是门技术活，一定要讲方法，不存在不试错、不走弯路的创业，讲方法意味着科学试错、少走弯路。创业也是知行合一的过程，两者不可偏废，干中学很重要，但干前学也很重要。

最后，要讲一讲创业家精神。创业本质是一种人生态度和生活方式，创业者早上睁开眼睛，全是问题，解决问题，就是创业。我把创业家精神总结为五点：迎接挑战（心力）、激发潜能（内力）、调动资源（外力）、创新突破（智力）、解决问题（合力）（如图 1 所示）。

图 1 创业家精神五力模型

从创业环境角度分析，高效系统的创业支持生态需要整个营商环境各要素的改进和协同，重点体现在三个方面：社会观念、政府角色、创业服务。

首先是社会观念。经过众创理念的普及和大浪淘沙的洗礼，全社会看待创新创业更加积极、理性、务实，回归平常心态。同时，也需要更加规范的法律制度环境和更加平和宽容的人文环境。

其次是政府角色。营商环境对创业效率至关重要，而政府角色在营商环境中至关重要。政府工作也如同创业，有一个试错的过程。众创几年来，各级政府围绕创新创业从政策、资金支持到办事效率提高都做出了巨大努力，但发展和改进需要时间，难以一蹴而就，尚需进一步改革提升。

最后谈谈创业服务。市场化的创业服务机构本身也是创业公司，陪伴着创业者一路走来，共同成长。随着创业大潮波浪起伏，各种创业服务机构也面临大规模洗牌，创业服务应回归商业本质，帮助创业公司真正降低成本、提高效率、规范管理，减少失败。

经过"大众创业、万众创新"浪潮跌宕起伏的洗礼，中国社会创新创业正在经历新一轮的系统升级。脱胎换骨必然经历阵痛，而未来必将更加稳健、务实和高效，一个伟大的"众创"时代已经来临，不可逆转。

创业融资的六种方式

创业融资有 6 种基本方式：

一是自有资金，你用自己的钱或者拿父母的钱投资，有时候你也会从亲戚朋友那里借钱，这可以理解为下面说的债权融资的一种方式。

二是个人天使投资，以个人名义做天使投资或创业投资。这里的"个人"通常是一些赚了钱的企业家、企业高管，或者资金比较充裕的个人。个人天使投资的投资过程较为简捷，投资人自己考察认可项目后，即可签署协议投资。

三是机构投资。典型的投资机构会通过募资来成立投资基金，通过自己专业的投资能力获取投资回报。机构投资的投资流程比个人投资要更专业，通常会有尽职调查、投资决策委员会讨论决策等相对比较严格的流程。

四是债权融资。个人投资和机构投资都是指股权投资，而债权融资主要是通过借贷的方式来获取资金用于创业，如银行贷款、平台借款、亲戚朋友借贷等。银行贷款需要足够的信用或抵押物，通常早期项目不容易贷款，但对一些特殊行业或领域以及有足够的银行认可的增信措施的企业，可以尝试。向亲戚朋友借钱也是创业者经常会采用的方式，但也要非常慎重，创业风险高，借债还钱，创业者要做好最坏的打算，否则可能会把亲戚朋友关系搞得一团糟。

五是政府扶持资金。针对各地符合产业政策的政府鼓励的项目，各级政府可能都会有相关鼓励和扶持政策，这需要创业者认真研究、积极申请。

六是众筹融资。众筹融资方式多样，国际上通常将众筹融资分为股权、债权、产品、公益四类。产品众筹实际上是预售和团购，股权与债权方式操作较复杂，一定要非常慎重，同时要有专业法律人士评估，要合法合规，避免法律风险。

融资计划的五大要点

在融资过程中，有 5 个要点是需要提早思考分析，通常也要体现在商业计划书中。

一是融资方式。要考虑清楚是股权融资、债权融资，还是其他方式的融资。对创业者来说，通常都是以股权融资为主。

二是项目估值。要考虑清楚项目值多少钱，融资金额是多少，拟出让多少股份。估值是个很微妙的问题，尤其对早期项目来说，没有什么公式能测算准确的估值，如果一方不认可，算出来也没有用。估值是投融资双方各自评估和互相协商的结果。早期项目不必过于强调高估值，重要的是拿到钱，拿到投资人的资源和支持。

三是资金用途。要考虑清楚融到资之后打算怎么花，主要用于哪些方面。融资的用途通常涉及研发、生产、工资、办公费用、营销等方面，要注意针对不同行业不同企业中资金使用计划的合理性。

四是退出方案。要考虑清楚投资人该如何退出，对此要有一个明确的说法，在投资协议中也通常会有明确的约定。通常投资人的退出方式有上市、并购、大股东回购、后轮融资退出等，一些项目也会约定如何给投资人分红。当然，创业有风险，投资也有风险，如果创业失败，也可能会带来投资失败，或者长期无法退出。

五是对赌条款。所谓对赌，就是投资方与融资方为应对未来不确定性、确保各自的利益而达成的约定条件。如果约定条件出现，投资方可以行使一种双方约定的权利；如果约定条件没有出现，融资方行使另一种权利。例如，投资人会约定你在某段时间内达到什么业绩条件，如果达不到，要给予投资人补偿（如回购或出让更多的股份）等。通常不建议创业者采用对赌方式融资。但有时，投资方会要求创业者对赌，而创业者为了急于拿到钱也愿意采用对赌方式，对这种情况要非常慎重。

如何理解众筹融资？

众筹这个概念，由英文Crowdfunding翻译而来，但"凑份子"的思维方式或操作方式，却是源远流长。

现在的互联网众筹平台模式，源于2001年上线的艺术众筹网站Artist Share，而其影响力则爆发于2009年上线的Kickstarter。互联网技术的发展大大降低了交易成本，提高了交易效率，拓展了"凑份子"的边界，赋予了众筹新的表现形式和更大的实现空间，众筹便迅速崛起了。

国际上通常将众筹分为四类，即产品众筹、股权众筹、债权众筹、公益众筹。我曾将众筹分为八种实操的类型和模式，此处不展开叙述，感兴趣的读者可以阅读《中国式众筹》。

债权众筹和公益众筹有其独立范畴；股权众筹一度火热，但其商业逻辑和操作过程复杂度高、后遗症多、难度较大、效率偏低，同时也面临一定的法律和政策风险，在国内的实践中效果不佳、逐渐萎缩。

一直以来，操作较多且比较易于接受的是产品众筹（英文 Reward-based Crowd-funding，意为奖励众筹、回报众筹，称为产品众筹更易理解）。产品众筹简洁明快，出资人提供资金，获得产品、服务或相关权益（并非单指物理产品），而众筹的发起方则重点在产品和营销上下工夫。

自美国兴起的互联网平台众筹，其精神内核是支持早期创意创新创业的一种融资方式，也就是支持"从0到1"。而支持"从0到1"的风险是极高的，在中国尚不具备这样的实践土壤和精神土壤，国内的众筹平台支持的是"从1到100"，即已经成熟的产品或项目上市营销推广，尤其对产品众筹来说，实质上是"预售＋团购＋会员"的变体或混合体。即使在一些国际平台，支持早期创意创新创业的众筹也遇到了许多挑战，也在调整和演化，最大的挑战就是早期创意或创业公司失败率太高，难以按期交付可行的产品和服务。

众筹的操作逻辑很多，在不同领域都有巨大价值。简单来说，众筹对企业最大的价值在于改变了传统的商业逻辑。其一，传统商业逻辑是先投入研发生产、再销售回款，前期投资的风险和不确定性较大；众筹则使企业可以先销售回款，再投入研发生产。

其二，众筹能将消费者、投资者、推广者甚至生产者等角色集于一身，将来自不同方面的优势资源整合起来，形成共创共享的利益共同体和生态联盟。

具体来说，众筹有如下的价值和优势：

（1）对新产品或新项目来说，众筹起到验证市场需求、积累种子用户的作用，能够促进产品迭代和战略调整。

（2）无论是产品众筹还是股权众筹，众筹相当于拿到了一笔"种子资金"或"天使资金"，改变了传统的投资逻辑，有利于提升项目估值。

（3）先营销集中回款，后生产集中交付，以销定产无库存，缓解前期投入的资金压力和库存积压的风险。

（4）提前锁定需求和订单，能够形成规模效应，提升了对供应链的议价能力。

（5）众筹本身就是品牌营销、市场推广的方式，有利于打造品牌 IP 和影响力，形成产品引爆点。

（6）众筹可以销售出货。

对于创业来说，众筹确实具有独特价值，但操作起来却绝非易事，实际情况是，大量线上众筹项目效果不佳，线下众筹项目问题百出，使用好众筹这个创业融资手段有一定的挑战，不能将众筹简单理想化。

如何做好创业资源管理？

资源是影响创业成败的核心要素之一。创业资源管理内涵广泛，涉及创业过程中的物质资源、人力资源、社会资源等方方面面的管理和整合，又可以分为内部资源的管理和外部资源的整合。

根据我多年创业、创业教育孵化和创业投资的经验，提出了一个创业资源管理的模型（如图 2 所示）。

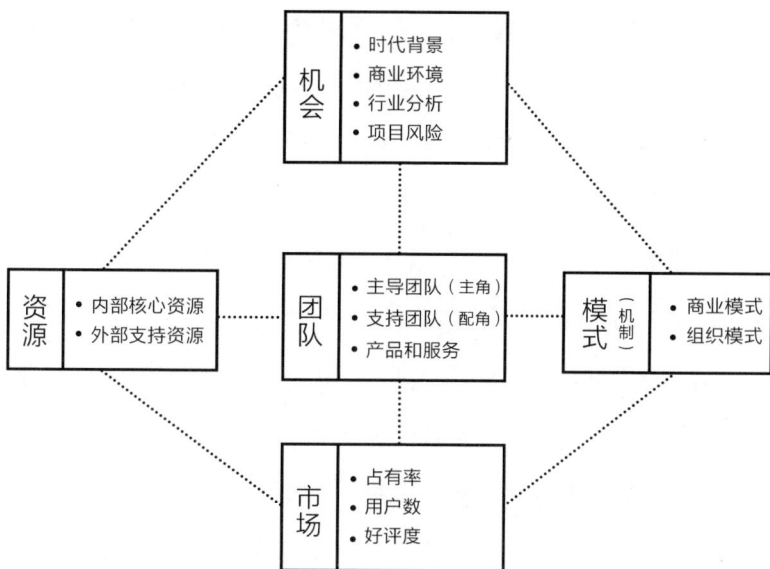

图 2　创业资源管理模型

第一个维度是创业机会。任何一个伟大的创业者都要对所处的时代和发展趋势做出精准的判断，同时要分析自己所处的商业环境，如国家地区特色、人口基数和特征、文化风俗等，还要充分评估本地的制度、法律等因素，最后聚焦到行业赛道和自身的项目，针对市场、竞品、风险等做深入细致的分析和评估。

第二个维度是创业核心资源。首先要分析内部资源，合伙人、高管团队有什么独特资源、优势和能力。其次要分析外部资源，我们能够整合到哪些对创业项目来说至关重要的人脉、背书、合作等外部资源。

第三个维度是创业模式，包括商业模式和组织模式。商业模式是指运营模式、赢利模式、营销模式和定价机制；组织模式是指如何找到合适的人，把人组织起来实现高效率的协同，并且能够长期激励。

第四个维度是市场表现，就是衡量项目绩效的核心市场指标，如市场占有率、用户数、活跃度、好评度等。

第五个维度是居于核心的创业团队及其产品。创业团队的能力和水平直接决定了产品及其他各个维度的水准。

在一个万物互联的时代，平等、开放、共享、去中心、自组织等理念已深入人心，技术的进步使大规模、高效率、实时的协同成为可能，深刻地影响了创业模式和创业资源的整合与管理。

基于自组织的逻辑，形成共同愿景、共同价值观，可以大量减少事无巨细的控制型管理，企业组织也变得内部市场化、小微团组化，以提高运行效率。

海尔多年前就在推行三无战略，即企业无边界、管理无领导、供应链无尺度。为此，海尔展开了前所未有的组织变革，旨在让每个人都成为自己的 CEO，实现自创业、自组织、自驱动。海尔把 30 多年积累的所有物质、人力、社会资源变为基础设施和创投平台，小微团队都有机会利用这些资源创业。

最后，我想谈谈怎么理解"大众创业、万众创新"。在任何一个工作岗位都需要创业精神与创新精神，大众创业并不是指人人都去开公司，而是人人都可以成为合伙人。什么叫合伙人？按贡献和约定比例风险共担、收益共享就是合伙人，这为创业模式和企业的组织管理模式都开拓了新的升级空间。

10

第十讲

初创企业公司结构及股权管理

王英军

北京有律科技有限公司 CEO，"有律创业"联合创始人，股权律师；北京市中关律师事务所执行合伙人；曾任北京大学产业技术研究创业导师；先后担任北京股权交易中心、亚杰商会、中关村或联网教育创新中心等数十家创投机构培训师或创业导师。

创业前的思考

今天的大学生大多成长于中国经济大发展大繁荣的美好时代，目睹了社会经济的飞速进步，亲身经历了生活环境的升级变迁。在身边发生的创业故事比比皆是，大学生体验到了技术创新的日新月异，因而对创业有着热切的兴趣与深深的向往。如果大学生有创业的想法，要去创业，哪怕是要做一点小的生意，都会涉及以下几个方面的思考。

人员问题

第一个思考是人员问题，也就是跟谁一起创业的问题。我们现在做一件事情，有些是自己就能做的，而大部分事情需要与合作伙伴共同完成。

在过去网络不发达的时代，很多商品销售需要依靠实体店，通过线下购买。以校园内线下实体店为例，从某种意义上来讲，它是一个垄断的地方，所以它的商品价格以及它的商品品类都会受到一定的限制，于是不少大学生便想到专门做校园代理。针对在校生的一些特殊的需求，做某个产品的校园代理，卖给在校学生，从中赚取差价。

如果做这样一个项目，你可能说我不需要团队，仅创业者自己背一个包，装满了待销售产品，敲开宿舍门进行售卖，这是一种模式。但如果有一天，销售大量增加，需要有人协助解决进货的问题，需要有人在网路上发帖去传播产品、介绍产品，还需要有人上门送货，这时便需要结交合作伙伴一同经营。

这样的初创期里，创业者与团队成员之间往往有两种关系模式。一种模式是创业者花钱雇用，成员帮创业者进货与销售，根据销售量的 10% 或 5% 提成，这时创业者与成员之间是一个雇用的关系。另外一种模式，如果创业者每天盈利一两百元，刚好能维持成本，没有足够的盈利雇用工作人员，所以干脆合伙一起做，盈利一起分。

很明显，第二种模式解决了创业者一定的成本问题。创业者组建团队一起创业，创业者与成员之间便不再是雇用关系，而是合伙的关系。约定好分工，约定好收益分配，共同承担亏损的损失，共同分享盈利的收益。

资金问题

第二个思考是资金问题。当某个大学生在做校园产品的代理销售时，通常不会一开始就想，我要把它做成一个大规模的、连锁的品牌，然后去融资，变成苏宁、国美、京东或者阿里巴巴。我读大学的时候，大部分学生代理会想："今天我背了这一袋子产品在 34 号楼卖完以后，能赚 500 元就心满意足。"现在大学生的格局已经远超于此，他们会觉得这样的收益太小，离期望值比较远，他们希望拥有更好的发展前景，做成更大规模。

现在的创业者已经不再愿意背着一个袋子，到每一个宿舍门口敲门销售产品，而是希望做一个 App，或者开一个微信公众号，或者做一个微店，告诉同学们我这儿有好产品，到我这儿来买，然后快递公司会把产品快递过去，从一个校园到另一个校园，从一个城市到另一个城市。在这个过程中，创业者会发现需要一笔不少的资金。为什么？因为要做校园推广，要储备一些货品，可是大学生们往往自己没有资金积累，该怎么办？这时候就需要去融资，需要寻求投资人提供资金来解决这些问题。

吃透四大要素，搞定投资人

当一个项目已经做了市场调研，明确是有消费需求的，那么这个项目要真正良性发展下去，有两种方式：一种方式是靠口碑传播。大家试用过觉得性价比很高，通过人与人之间口口相传的方式来发展这个项目。另外一种方式是什么呢？创业者希望拿到一笔融资，通过这笔融资来做市场营销。比如，你安装我的App，我送你一个小礼物；你买我的产品，我送你好几个附加产品。这样就需要组建团队做项目，然后去找投资人。对于投资人来说，他很在意要投的项目、团队的架构与股权的分配，这其中一定要明确四个要素。

第一要素——领域

创业者在做的事情是什么，这个事情处在哪一个领域，这个领域是否有好的发展前景，这是投资人在乎的第一个方面。如果市场很小、空间很小，投资人通常就不会投了。创业时你需要为自己的产品确定一个好的领域，或者用创业圈的话说，确定一个好的赛道。

我举一个例子来说明。中央民族大学的学生有一个创业项目，是做煎饼——"左一煎饼"，2017 年的时候已经开了九家连锁店。

它的特点是什么呢？一是在网友之间有活跃的话题度，二是性价比高，之前卖煎饼的大多是没有营业执照、没有卫生证件的小摊贩，而这个煎饼店是连锁模式，口味稳定，有卫生保证，综合看来性价比是高的。

创业者发现了煎饼连锁店这个市场并开展项目，同时投资人也认为这个市场很好，肯向里面大笔投钱、不断投钱、争着投钱。这就是一个用领域吸引投资人的成功案例。

第二要素——切入点

当确定某个项目在好的赛道，有一个好的市场后，投资人会判断项目的切入点是不是足够好。

大家都知道，快递可以分为货运、小件运输、大件运输等。如果你的项目是与顺丰一样的创业项目，还有没有机会呢？自然是没机会了。但是在校园里，顺丰只是把我们的商品送到学校大门口，并没有从学校大门送到宿舍的这个服务。经过市场调研，你会发现，现在的大学生要么时间紧张，要么不想跑腿，他们愿意每单付几块钱，让你去帮他取这个快递。这也就意味着你在做货物运输这个领域里面找到了一个好的切入点。这样投资人可能会投你，因为在快递公司进不去而你进得去的区域，你有了无可替代的优势，也有无可替代的需求，这就是好的切入点。

第三要素——团队

当创业者找到一个好的市场，也找到一个好的切入点，总需要有团队来执行吧。如果只停留在想法阶段，是没有人会投资的，只有当创业者的想法有很好的团队去执行，投资人才会去投你这个项目。

接着刚才的例子，假如说要做校园快递的"最后一公里"项目，就必须建立一个好团队。这个团队里面，有人要负责技术开发，做小程序；有人要通知快递员取快递；有人要负责运送；还需要运营的人员以及管理团队的人。只有这些团队成员齐心协力，分工合作，项目才有可能成功。

第四要素——股权

有了好的团队之后，就要考虑股权应该怎么去分配，这就需要一个好的股权架构。

首先我们先了解一下股权的概念。当我们要运营一个商业项目时，通常都需要一个公司，专业点说叫"法人实体"。当做校园代理时，创业者到每个宿舍敲门，把商品卖给同学们，这是一个比较小的事情，不需要成立公司。当有一天，项目里有 20 个、30 个成员一起工作时，就需要对人员进行规范的管理；同时这些员工产生了新的诉求，比如他们希望能够成为合伙人，希望参与项目整体的收益分配。这时候该如何满足大家的愿望呢？那就需要成立一家公司，项目里想参与收益分配的人都有机会做股东。

在公司里，成为股东的标志是拥有公司的股权。说到股权，就要从公司的注册说起。比如三位创业者去工商局注册成立公司，事先便要商量好公司的注册资本，也可以说是要商量好往公司里投多少钱。假如公司的注册资本要 10 万元，A 出 5 万、B 出 3 万、C 出 2 万（现在注册公司可以认缴注册资本，为简化描述，此处仅考虑全部实缴），三个人一共凑了 10 万元钱到工商局去核名，然后公司就可以注册下来了。

那么，A、B、C 三人对应的股权比例是多少呢？按照三人实缴出资的金额，分别在公司所有 100% 股权里持有的比例为：A 持有 50%、B 持有 30%、C 持有 20%。这就是所谓的股权比例，A、B、C 三人都是这个公司的股东，这个公司的重大决策就是由股东来决定。

那三人所做的决定如何权衡呢？便是按照三人的持股比例来投票表决。比如说针对某个重大的决策，A、B、C 三人开个股东会，如果 A 同意，B 和 C 两个反对，则意见双方各占 50%，决策便通过不了；如果 A 同意，B 同意，C 反对，则相当于 A 和 B 占了 80%，C 只有 20%，那么这个决策就通过了。股权另一个重要的价值在于分配。公司一年的盈利是 100 万元，A、B、C 决定把这 100 万元分了，该如何来分配呢？根据股权占比，则 A 应该分到 50 万元、B 分得 30 万元、C 分得 20 万元。这就是股权的价值，一是能够决策公司未来如何发展，二是可以对公司利润进行分配。

股权分配的五大核心法则

在投资人看重的上述四个要素中，股权架构占据非常核心的位置，它关系到如何使团队更有价值，如何使团队价值得到进一步提升。

比如说一个公司里有四个创始人或者合伙人，甲很善于做市场运营，乙善于做产品管理，丙善于做整个公司发展的宏观策划，丁善于做人事管理。四个人有不同的分工，只有这四个人分工明确了，朝着一个方向去努力，高效率地贯彻执行，才有可能把这个项目做成功。那么，这四个人首先就需要确定一个合理的股权架构，明确决策与收益分配，这才能促进项目更好地发展以及获得投资人的肯定。什么样的股权架构更容易拿到融资呢？创业项目股权分配有五大核心法则：

（1）利益第一、感情第二法则；

（2）领头人、合伙人平等法则；

（3）控股权和控制权法则；

（4）舍得分和收得回法则；

（5）原则性、灵活性法则。

预留股权是否有用？

如果有这样一个创业团队，他们商议把股权先分了，然后提前说清楚，把以后准备给投资人的一部分股权预留出来，等到投资人来了以后再给到投资人，这样的操作行不行？

其实这种操作，在创业团队内部可以有这样的想法，甚至可以有这样的约定。但是从工商角度来说是行不通的。因为中国的公司有一个很大的特点，都要进行工商注册。投资人投给你的钱，在进来的时候，他的钱怎么处置呢？

比如，一个创业团队融资 200 万元，出让 10% 的股权（投后估值为 200 万元 /10%=2000 万元）。假如投前注册资本是 90万元，那么 200 万元融资资金怎么入账？投资人的 200 万元，其中 10 万元以注册资本形式入账，注册资本由 90 万元增资为100 万元（投资人的股权比例是：10 万元 /100 万元 =10%），剩余的 190 万元以资本公积的方式入账。因此，该公司创业者的股权将会同比例稀释，而不是从创业者的名下拿出 10% 给到投资人。

如果创业团队的几个人确定目前创业团队共持股 20%，另外的 30% 留着给后面的投资人。但实际上那 30% 已经是按照我们现在的比例，分配到每一个人名下去，投资人进来的时候再同比例拿出去，所以这种预留其实没有价值。你不清楚投资人进来的时候到底要从你这儿拿多少股权，你认为 30% 就够了，也许投资人要 40%，也许投资人其实只要 10%。

以创新吸引收购

都说瘦死的骆驼比马大，但也有说船小好调头。有些大公司缺乏创新精神和创新能力，发展思路倾向于"我自己做不了，等一些小企业做得差不多，我就把它收购了"。举个例子来理解。

高中生和家长都想知道考上北京大学的学生的学习经验。瞄准这个市场需求，有个创业团队准备搭建这样一个平台：一方是北京大学的学生，另一方是各地学生或者家长，让双方在平台上进行交流，平台要收取一定的费用。

创业团队在一开始就需要考虑，这个项目的市场是真实存在的吗？创业者可能会犹豫，大平台不做应该有它的理由，那我还做它干吗？但是我希望创业者们要想想，大平台没有做，要么是他们认为这个市场不够大，不值得他们这样体量的巨头去做；要么是他们内部没有人看到这一点，这也就是前文说的，有些大公司的创新思维不够、创新能力不足。所以当创业者认定这个市场有价值时，可以考虑去做。当你形成了一定的规模的时候，这些大平台开始想去做时，可能会考虑把你的项目收购。

与投资人谈判的两个原则

如果你创业了，面对投资人该怎么来谈判呢？要把握以下两个原则：

第一个是诚实原则，不要向投资人撒恶意的谎。

第二个是讲故事原则，你要有讲故事的能力，要把这个项目的前景真实全面地描述给对方。在投资人看来，一个有讲故事能力的人才能带好团队。当然，讲故事的能力不等于无限度的浮夸，你认为自己的项目真是一个有前景的项目，就要把这种前景描述出来给别人听，让投资人对项目可能带给自己的收益有所期待。

对赌也要坚持底线

我有一个朋友的创业公司做得不错，投资人要投给他 500 万元，换取他公司 20% 的股权，投资人的要求是 3 年或者 4 年之内，公司要上市或者做到某一个业绩，如果做不到或者项目失败，他要把那 500 万元还给投资人，而且每年还支付 10% 的利息，如果公司还有未分配的利润，他也要把未分配的利润给投资人。那么由谁来还钱呢？投资人要求先由公司来还，公司没有钱的话由他这个股东来还。这个就叫做对赌。对赌就是投资人跟创业者约定一个条款，要求创业者在某一段时间内达到特定要求或完成特定业绩，如果创业者没有达到，那么投资人会采取相应的措施来解决这个问题，这就是对赌。我这个朋友就面临这样一个问题：到底接不接受对赌？初创公司非常需要钱，可如果接受投资的话，他就要答应这些条件。

实践中，对赌往往分两种。一种是由公司来还钱，相当于用公司的资产来实现对赌的条件。通常情况下，建议可以接受由公司还钱的对赌，可以拿公司的资产，甚至个人在公司的股权去跟投资人进行对赌，如果公司没上市，可以把公司和公司的股权给投资人。另一种就是股东个人承担这个责任，股东用自己的个人资产还钱，现实中有个别的项目会实行个人对赌条款，如果项目失败了，股东个人就会被追究责任。

创业有风险，高风险带来高回报，但也不等于我们可以接受无底线的风险，就是说不等于我为了拿到这笔投资，还要把我个人的身家搭进去。我们创业成功的目的是实现个人的人生价值，本质上我们都要回归日常的生活。所以从这个角度来说，我建议不接受个人对赌，这也是我强调的一个原则和底线。

其他股权类型

股权还有其他类型。第一个是最原始的工商股，即工商注册资料里面的 100% 的股权。第二个是我们把 100% 股权人为地划分成很多份，我拿到了其中一部分，虽然这一部分并不在工商注册资料里直接体现，但是我也有一些投票权、监督权或者一些查账的权利，这是股份期权。第三个是虚拟股权，只有一个分红的权利，没有其他的权利。

技术入股

技术入股项目会根据项目类型不同来确定股权比例。如果是技术要求很高的技术驱动型项目，那么技术人员的股权比例就会比较高；如果技术价值不明显，技术人员股权比例就会低一些。技术人员到底应该占多少股权，取决于他在项目里面价值大小。

股权比例能拍脑袋决定吗？当然不能。同样的技术岗位，在不同时期对技术的要求是不同的，不同人员的能力和水平也不一样，完全量化是很难做到的，公司可以根据项目的不同模块进行不同的股权比例分配。

股份期权

工商股之外，我们还可以人为划分出一个股权，比如我们可以人为把 100% 股权划分成 1000 万份，员工如果达到某种条件，就可以从里面拿到 10 万股。这 10 万股其实就是股份期权，也就是所谓的股权激励，这个股份期权虽然没有在工商注册体现，但是给了员工一个合伙人的身份。

虚拟股权

华为有一个虚拟股权制度，你在华为工作一定年限，达到一定级别，华为每年会给你一定份额的虚拟股权。工作的时间越久，这个份额便越高，年终分红的钱会越多。这也是吸引很多人留在华为工作的一个重要原因。

我们前面讲了股权本身包含很多权利，包括决策权、投票权、监督权、分红权等，但是虚拟股权只有分红这一个权利。公司赚了 100 万元，我有 10% 的虚拟股权，那么我就可以分到 10 万元。持有虚拟股权的人虽然有分红的权利，但没有决策权利，也没有投票的权利。

11

第十一讲
初创企业的成功
上市与退出

许可

北京物资学院副教授，北京大学国家信用研究中心研究员，曾任北京大学产业技术研究院创业导师；研究领域涉及投资与资本配置、科技成果转化与产业化、创新创业和上市辅导。

创业者最大的理想是企业上市

为什么创业者最大的梦想是把自己的公司做上市呢？答案显而易见。俗话说，赚十万可以靠体力，赚百万、千万可以靠经商，但是想赚取亿元，更多依靠的是资本市场。企业一旦上市，就有了市值，企业家就具备了实现财富爆发式增长的条件。

我们来看腾讯上市前后市值的变化，腾讯创业时50万元起家，上市实现融资4.4亿元。腾讯从1998年11月创立到2004年6月上市，从50万元到4.4亿元，用不到6年的时间。做什么生意能用6年挣4.4个亿？当然没有这样的生意，但资本市场就可以。

我们再看另一个上市公司顺丰的案例。

顺丰的董事长王卫曾经在接受记者采访时说："我从来不想

把公司做上市，那不是圈钱的吗？我不差钱。"但随着同行的很多快递企业上市，王卫发现企业的资本体量不是用一个 15 元又一个 15 元做加法做出来的，而是需要瞬间的爆发。2017 年 2 月 24 日顺丰也上市了，顺丰控股上市当天市值就接近 3000 亿元。

请你思考，创业意味着什么？意味着个人的成长，意味着财富的积累，意味着向国家、向社会做出更大的贡献。宗庆后创办的杭州娃哈哈集团是全球知名的食品饮料生产企业，在全国 29 个省市自治区建有 80 个生产基地，有 180 多家子公司，至今累计销售额达 7200 多亿元，利税超过 1400 亿元。娃哈哈连续 20 年处于行业领先地位，但一直未上市，宗庆后曾表示"娃哈哈绝不上市"。但近年来，关于娃哈哈上市的传闻不断。2017 年宗庆后就对媒体表示，在适当的时候，娃哈哈也会考虑上市，他说："应该说我们不缺钱，而且经营也比较稳定，有大量存款，每年分红。但是我现在觉得，上市之后可能会加快企业的发展。"同样，一直坚持不上市的另一家知名饮料企业农夫山泉，在 2020 年 9 月 8 日到港交所上市了。上市当日，农夫山泉市值达到 3900 亿元，创始人、董事长钟睒睒个人持股的市值达到 3300 亿元，一举成为国内的新首富。当然，要想得到资本市场的认可，得到投资者的认可，必须有一个优质的产品。当创业者用产品去改变世界的时候，它就会给创业者带来丰厚的收益。

公司上市需要重点准备什么

谈企业上市，首先需要了解两个概念：IPO 和私募。IPO 就是英文 Initial-Public-Offering 的缩写，指的是经过证监会的审批之后，企业股票首次公开发行。中国实行的是审批制，一家公司要上市，即使达到上市条件，也要等中国证监会发审委审批，需要排队。美国上市实行的是注册制度，当一家公司满足上市条件以后，进行注册与信息披露之后，符合规定就可以上市。所以，中国有些企业选择到美国上市。另一个概念是私募股权，指企业以非公开发行方式向合格投资者募集投资，通过一家或几家投资者对未上市企业进行的权益型投资。假如有一个好项目，在朋友圈告诉大家这个项目需要的投资额度，有朋友愿意投，就可以实现融资。在我国，私募股权投资通常都是企业不能公开上市融资而选择的融资路径，如果能够公开融资，企业家不会选择进行私募，因为私募的市盈率比较低，没有公开市场融资的市盈率高。

公司上市最重要的几件事包括：要有清晰的思路，明白为什么上市，上市会为企业带来什么，还要从心理、时间、人员等多方面做好准备工作。

上市本身不是目的，通过上市，企业可以更规范、更科学，在更高的层次上吸引投资者、合作者。上市后企业会开启透明模式，成为一家公众公司，不仅监督的人更多了，而且需要遵循的规则也多了。所以，上市前的观念准备和心理准备工作很重要。

选择上市的地点。上市前要了解资本市场的结构。对上交所主板和科创板、深交所主板和创业板、北京证券交易所有清晰的认识，对香港主板和创业板市场、美国纽交所和纳斯达克交易所、英国伦敦交易所 AIM 市场、新加坡交易所主板和凯利板等有详细的了解，研究清楚国内外不同证交所的上市规则、收费标准、年费标准、再融资要求、所适用的法律、财务、税收等。

做好团队准备。团队稳定是根本，上市过程是非常繁琐的，有很多事情需要反复沟通。企业上市前企业董事和高管团队不能发生重大变化。

选择时机很重要。企业和市场状况是决定上市时间的一个重要因素。最合适的上市时间是投资者认为公司业绩在预期中会有良好的增长的时候，而不是业绩已经达到高峰的时候。

需要至少提前一年时间准备，并且有详细的上市时间表。上市的主要工作内容分为三大部分：公司整体变更设立股份公司、上市辅导、上市申请及发行上市。非股份制公司变更为股份制公司需要保荐人、会计师、律师的共同参与，做好尽职调查，制定和落实改制方案，出具《审计报告》、《验资报告》与《评估报告》等，至少需要 4 个月的时间；上市辅导到《上市辅导协议》

等资料报告证监会备案，同样需要 4 个月左右时间，上市申报、等待反馈意见、路演、询价到发行上市需要的时间会更长，并且不确定因素更多。

企业上市后的优势

企业上市后的优势是什么？

第一，可以实现直接融资，募集到巨额资金。巨额资金不是指几十万、几百万。如果你只要几十万、几百万，只要有个好的点子、一份商业计划书，给风险投资机构讲好故事就有机会拿到。如果是直接融资几千万、几亿，通过私募方式要么难度大，要么所释放的股权比例很高，创业者总是想以更少的股权实现更多的融资。只要具备条件，创业者会希望公开上市，募集企业发展所需要的巨额资金，从而扩大企业生产规模，增强企业的竞争力和影响力。所以，胡润百富榜中的富豪，绝大多数拥有上市公司。

第二，体现企业的竞争力和资本实力。这句话怎么理解？跟别人谈判、合作，一位创业者谈及自己的企业是上市公司，别人产生的第一印象是你的企业有品牌、有实力，是规范的。和大学生毕业去找工作一个道理，学生们能够更深刻地体会到毕业院校的品牌效应，北京大学等名校的毕业生在就业市场上就有更强的竞争优势。上市的影响在企业去银行贷款的时候也能体现出来。去银行贷款，有两种方式，一是抵押贷款和担保贷款，二是信用贷款。如果创业者的创业公司是上市公司，那么将会比较容易地获得银行的贷款。一般而言，上市前，企业围着银行转，上市后，银行围着企业转，不转的才是主角。

第三，可以充分利用政府资源。一个地方上市公司的数量多少，和地方经济发展程度有直接的关系。地方政府倾向于培育更多的上市公司，鼓励企业上市，开辟"绿色通道"。如果是上市公司，土地、房产、消防等各种证照的办理速度会很快，展现出的营商环境会很好。很多城市都会对新上市企业进行现金奖励，对外地上市企业的迁入也给予重奖，对上市公司的再融资各流程进行奖励或补贴。地方政府对企业的各种补贴和支持，辖区内的上市公司也往往会更为优先。当经济环境向下走的时候，政府也会帮助上市公司渡过难关。比如疫情期间，北京、上海、湖北等地纷纷出台纾困举措和相关政策，帮助企业化解股权质押风险。

第四，提高知名度。上市就是免费的广告，上市的品牌效应很大。上市后，电视、网络、报纸的关注度提高。比如，有人曾这样形容上市为苏宁带来的品牌效应："上市不仅为我们募集了资金，还有更重要的一点，就是为我们带来了起码需要上亿元广告费才能达到的宣传效果。正如一辆优质的赛车换上了法拉利徽标所得到的关注一样！"

企业上市后的弊端

企业上市的劣势是什么？

第一，上市对公司的信息披露有极高的要求。有句话说，企业上市就像裸奔，企业的股权结构、财务数据、高管信息、重要决定都要信息披露。娃哈哈的创始人宗庆后有一个习惯，喜欢在企业门口放一个小黑板，有什么重要决定，只需要写到小黑板就可以，写上去就生效。假如公司是上市公司，所有关于企业的重要变动都要信息披露，而且要披露在指定的媒体或平台。严格、细致的信息披露形成对企业的严格约束，不少上市公司都因为在信息披露方面的不及时、不充分、不准确甚至失真等，受到证监会的处罚。

第二，上市会对公司治理提出更高要求。上市后，公司的老板不能像创业时一个人说了算，股东增多了，对大股东和老板的约束力就会增大。必须遵守现代企业公司治理的规则，必须尊重小股东的权利，企业重大决策需要履行一定的程序。

第三，公司支出会增大。公司上市后要体现好的业绩，要增加税收成本；信息披露需要在指定的媒体上披露，在《中国证券报》、《证券时报》与《上海证券报》等刊登公告需要付费，变相增加了企业的成本。

第四，企业上市之后还容易诱发短视行为。为迎合资本市场，迎合公众，上市企业可能作出一些非长远性的决策，做一些短平快的项目。一般企业上市后市值增大，为了实现股东权益的最大化，企业就被资本裹挟、推动前进，一点儿都不轻松。

市场的类型

在中国企业上市市场的类型有：上交所主板、上交所科创板、深交所主板、深交所创业板、新三板市场、北京证券交易所。它们的区别是什么呢？

上海主板和深圳主板市场就是指我国传统意义上的证券市场，是成熟的大中型企业发行证券、上市及交易的主要场所。上海证券交易所和深圳证券交易所都成立于1990年，经过30年发展，截至2020年末，深圳主板市场上市公司1460家，市值总额约为23.6万亿元；上海主板市场上市公司1600余家，市值总额约为 46 万亿元。

深交所创业板市场，又称为"二板市场"，在 2009 年 10 月开板启动。创业板和主板市场不同，它是专门为暂时无法在主板市场上市的创业型企业提供上市场所的交易所，实行注册制。在创业板上市的公司成立时间较短、企业规模较小，业绩不够突出，但具有较高成长性。截至 2020 年末，创业板上市公司接近 900 家，总市值约为 11 万亿元。

上交所科创板市场，于 2019 年 6 月开板启动。它的特色在于"科创"：面向世界科技前沿、面向经济主战场、面向国家重大需求，主要服务于符合国家战略、突破关键核心技术、市场认可度高的科技创新企业，重点支持新一代信息技术、高端装备、新材料、新能源、节能环保以及生物医药等高新技术产业和战略性新兴产业。在上市标准上更加包容，允许尚未赢利或存在累计未弥补亏损的企业上市，允许符合相关要求的特殊股权结构企业和红筹企业在科创板上市。截至 2021 年 7 月底，上市公司已超过 310 家，总市值突破 4.7 万亿元。

新三板是"全国中小企业股份转让系统"的俗称，是继上交所、深交所之后第三家全国性证券交易场所，由全国中小企业股份转让系统有限责任公司（即全国股转公司）运营，于 2013 年 1 月正式揭牌。新三板的特色在于"挂牌"：挂牌条件非常包容，通过价格发现、引入风险投资、私募增资等方式增强挂牌企业的融资能力，通过规范运作、适度信息披露、外部监管等促进挂牌企业健全治理结构和熟悉资本市场。2016年末，在新三板挂牌的企业超过1万家。由于挂牌公司数量多、类型多元，为了增强分类管理，2020年，推行"基础层—创新层—精选层"结构，其中，精选层进入条件与公开发行条件相衔接，主要包括市值条件、财务条件、规范性条件、股权分散度要求等方面。

北京证券交易所是最新设立的证券交易所。2021年9月2日，习近平主席在2021年中国国际服务贸易交易会全球服务贸易峰会致辞中宣布："继续支持中小企业创新发展，深化新三板改革，设立北京证券交易所，打造服务创新型中小企业主阵地。"北京证券交易所服务于创新型中小企业，培育一批专精特新中小企业，与上交所、深交所错位发展、互联互通，在新三板挂牌满12个月的创新层公司，进入北京证券交易所上市交易。

主要的法律依据

企业上市要有法律依据，资本市场的法规主要有《公司法》《证券法》《首次公开发行股票并上市管理办法》《首次公开发行股票并在创业板上市管理办法（2018 年修订）》《深圳证券交易所创业板股票上市规则（2020 年 12 月修订）》《深圳证券交易所股票上市规则（2020 年修订）》等。作为准备上市的企业，负责上市业务的团队必须熟悉资本市场的法规。要做一个懂法的创业者，这是非常重要的。

企业要发行股票上市，需要满足以下基本法律条件：

第一，主体资格。依法成立合法存续；持续经营 3 年以上；注册资本足额缴纳；股权结构清晰；主营业务连续稳定。

第二，独立性。资产完整；人员、财务、机构、业务独立。

第三，规范运营。公司治理结构符合规范，要有"三会"；财务、经营等内部控制制度有效；符合生产经营和对外担保的相关规范。

第四，募集资金应用合法。使用方向是主营业务；发行规模合理、匹配；投资项目合法合规，项目有良好的赢利能力，风险合理；资金存放合法合理，有专项存储。

详细分析几点，比如上市公司必须是股份制企业。如果创业时不是股份制企业，得进行股份制改造。所以创业注册公司时不妨直接注册成股份制企业，公司虽然小，但结构合法合理，以后上市就会省很多事。再就是企业运营要有"三会"，一般是指上市公司的董事会、监事会和股东代表大会。这"三会"必须要有。

还有募集资金的应用，这个很重要。假如你是一个餐饮企业，要用募集的资金办一所学校，证监会是不允许的。你必须投资在相关行业的上下游企业。但如果办的培训学校是餐饮培训学校，那就可以。

不同类型市场也有不同的条件。

主板的要求如下：

（1）自股份公司成立后，持续经营时间在3年以上，但经国务院批准的除外。

（2）发行人生产经营符合法律、行政法规的规定，符合国家产业政策，最近3年无重大违法行为，财务会计报告无虚假记载。

（3）最近3个会计年度净利润均为正数且净利润累计超过3000万元。

（4）最近3个会计年度经营活动产生的现金流量净额累计超过5000万元，或最近3个会计年度营业收入累计超过3亿元。

（5）发行前股本总额不少于3000万元，最近一期末无形资产占净资产的比例不高于20%，最近一期末不存在未弥补亏损。

（6）后总股本小于4亿股，公开发行比例须≥25%；发行后总股本超过4亿股，公开发行比例须≥10%。

（7）交易所要求的其他条件。

创业板的要求如下：

（1）发行人是依法设立且持续经营3年以上的股份有限公司。

（2）发行人生产经营符合法律、行政法规的规定，符合国家产业政策，最近3年无重大违法行为，财务会计报告无虚假记载。

（3）发行人为境内企业且不存在表决权差异安排的，市值及财务指标应当至少符合下列标准中的一项：最近2年净利润均为正且累计净利润不低于5000万元；预计市值不低于10亿元，最近1年净利润为正且营业收入不低于1亿元；预计市值不低于50亿元，且最近一年营业收入不低于3亿元。

（4）发行后股本总额不低于3000万。

（5）发行后总股本小于4亿股，公开发行比例须≥25%；发行后总股本超过4亿股，公开发行比例须≥10%。

（6）交易所要求的其他条件。

科创板的要求中，除了对于上市的一般要求和企业所处行业的特殊要求之外，在市值及财务指标方面更为包容，至少符合下列标准中的一项：

（1）预计市值不低于人民币10亿元，最近2年净利润均为正且累计净利润不低于人民币5000万元，或者预计市值不低于人民币10亿元，最近1年净利润为正且营业收入不低于人民币1亿元。

（2）预计市值不低于人民币15亿元，最近1年营业收入不低于人民币 2 亿元，且最近 3 年累计研发投入占最近 3 年累计营业收入的比例不低于 15%。

（3）预计市值不低于人民币 20 亿元，最近 1 年营业收入不低于人民币 3 亿元，且最近 3 年经营活动产生的现金流量净额累计不低于人民币 1 亿元。

（4）预计市值不低于人民币 30 亿元，且最近 1 年营业收入不低于人民币 3 亿元。

（5）预计市值不低于人民币 40 亿元，主要业务或产品需经国家有关部门批准，市场空间大，目前已取得阶段性成果。

新三板的要求如下：

（1）依法设立且存续满 2 年。有限责任公司按原账面净资产值折股整体变更为股份有限公司的，存续时间可以从有限责任公司成立之日起计算。

（2）业务明确，具有持续经营能力。

（3）公司治理机制健全，合法规范经营。

（4）股权明晰，股票发行和转让行为合法合规。

（5）主办券商推荐并持续督导。

（6）全国股份转让系统公司要求的其他条件。

对于新三板精选层公司，条件与公开发行条件相衔接，主要包括市值条件、财务条件、规范性条件，以及发行完成后的股权分散度要求等方面。在市值及财务指标方面，满足下列条件之一：

（1）市值不低于 2 亿元，最近 2 年净利润均不低于 1500 万元且加权平均净资产收益率的均值不低于 8%，或者最近 1 年净利润不低于 2500 万元且加权平均净资产收益率不低于 8%；

（2）市值不低于 4 亿元，最近 2 年平均营业收入不低于 1 亿元，且最近 1 年营业收入增长率不低于 30%，最近 1 年经营活动产生的现金流量净额为正。

（3）市值不低于 8 亿元，最近 1 年营业收入不低于 2 亿元，最近 2 年研发投入合计占最近 2 年营业收入比例不低于 8%。

（4）市值不低于 15 亿元，最近 2 年研发投入累计不低于 5000 万元。

公司上市的运作成本

除了做以上准备工作之外，企业上市的运作成本核算也是非常重要的事情，一般公司上市需要有 300 万—500 万元的成本准备。说起来吓人一跳，还没挣钱呢，就要花这么多钱。主要的费用类型有以下几种：

（1）改制设立财务顾问费 100 万—120 万元。

（2）股票发行费用。这部分费用又细分为以下几种：承销费用，费率3%—4.5%；会计师费用，120万—150万元；律师费用，80万—150万元；评估费用，20万—40万元；路演费用，100万元以上，实报实销。

（3）上市及其他费用。这部分费用又细分为以下几种：

保荐费用，200万—300万元。上市初费和年费，8亿市值以下，上市初费和上市年费暂免；8亿以上，上市初费主板17.5万元，创业板8.75元万；上市年费主板7.5元万，创业板3.75万元。股票登记费，流通部分为股本的0.3%，不可流通部分为股本的0.1%。信息披露费，200万元左右。

这些费用是目前各个行业的平均水平，但具体到每个行业每个企业，上市的成本也是不一样的。同时，随着时间和市场环境的变化，企业上市的成本会有较大变化。

路演、询价和定价

中国证监会核准后，企业在指定报刊上刊登招股说明书摘要及发行公告信息。证券公司与发行人进行路演，向投资者推介和询价，并根据询价结果协商确定发行价格。

通常新股定价的时候，有一个定价的区间。股票定价是怎么定的呢？首先进行路演。创业团队需要介绍公司的优势，业务、财务等方面的经营状况，未来的发展战略，对于投资者的风险提示等。路演的参与者主要有：公司一方为路演团队，投资一方为收到邀请的机构投资者，分析师和基金管理人。媒体禁止参加。

其次确定新股的价格区间。确定价格区间时需要对投资者适当引导，价格区间也要适中，避免盲目定价。定的价格下限要有强烈的引导作用。

最后是确定最终的价格。新股开盘以后，通常有 10 个左右的涨停板，也有的新股跌破发行价。所以，股价由市场说了算，给投资者获利空间高的股票，市场的认可度越高，股票的价格也越高。

股票的发行比例按照公司的股值来进行，不超过总股本的25%。

畅通的退出渠道是资本市场繁荣发展的前提条件

企业要提供畅通的退出渠道。退出不是企业的终结，是更好的延续发展。一个市场繁荣的程度，就是指这个市场来来往往、有去有回。资金能顺利地投进来，也能顺利地退出来，这个市场才会越来越繁荣。关注退出方式是股权投资人的天性，特别是私募股权投资基金。

初创企业需要阶段性的经济回报和物资激励。为什么要退出？目的就是投资增值。2000年年初，IDG和盈科数码各向腾讯投资220万美元，各占了20%的股份。2001年6月，南非米拉得集团（MIH）给腾讯估值6300万美元的时候，20%股份变成了1260万美元。也就是说刚开始220万美元的风险投资，一年半时间变成1260万美元，增值11倍。2020年年底，腾讯市值已超过7000亿美元，1260万美元变为1540亿美元。

退出的方式有很多种：IPO、转让、资产重组、清算等。根据退出机制，退市方式有两种：

一种是主动退市。上市公司基于实现发展战略、维护合理估值、稳定控制权以及成本效益法则等方面的考虑，认为不再需要继续维持上市地位，或者继续维持上市地位不再有利于公司发展，可以主动向证券交易所申请其股票终止交易。

另一种是被动退市。证券交易所为维护公开交易股票的总体质量与市场信心，依照规则要求交投不活跃、股权分布不合理、市值过低而不再适合公开交易的股票终止交易，特别是对于存在严重违法违规行为的公司，证券交易所可以依法强制其股票退出市场交易。

　　IPO 是私募股权基金最喜欢的一种退出方式。这种退出方式代表了资本市场对该公司业绩的一种认可，可以让私募股权投资基金在退出时获得大量的现金。在退出方面，很多私募股权基金管理人员在项目风险投资甚至在筛选项目时，就开始考虑项目的退出时间和退出方式，会把是否能顺利退出作为筛选企业的标准之一，真正实现了筹资、投资和退出的一体化运作模式。

　　关注退出方式并不意味着私人股权投资基金只采取短期持有的投资策略，一些最成功的私募股权案例是通过长期持有的过程不断提升公司的价值，使投资者的资本和努力获得应得的报酬。比如，从 2001 年至今，南非米拉得集团（MIH）一直持有腾讯公司的股权，如今是腾讯的第一大股东。而 2020 年年底，腾讯市值已超过 7000 亿美元，MIH 第一笔投资的 1260 万美元已增值为 1540 亿美元。

12

第十二讲
创意与创新思维

徐智明

龙之媒广告书店、快书包创办人、曾任北京大学产业技术研究院创业导师；毕业于北京大学政治学专业；策划出版广告专业图书100多种，著有《我爱做书店》《广告策划》《广告文案写作》《育儿基本：找到好方法，轻松做爸妈》《育儿基本2：与孩子合作》《阅读手册》等书，现从事家教育儿研究和企业顾问。

创意就是旧元素新组合

大家都是因为想创业而聚集到一起来学习和探讨的，对创业感兴趣的学生对创业的看法不一定会一致。创业从来不是因为先有了新技术或先有了新产品才进行的，而是因为某种需求或者愿望得不到满足，从而产生了创业的主意或者想法。所以，这一讲跟大家分享的核心内容是创业主意从哪儿来，怎么把它付诸行动。

很多新的想法，只不过是在原有的一个想法上做了属性叠加或者属性转移。从房子的共享、汽车的共享、自行车的共享，再到后来更丰富的如玩具共享、图书共享、电脑共享、健身器共享、按摩椅共享等，从逻辑上讲它们基本是一样的，就是消费者有各种需求，世界上存在各种资源，创业者利用某种逻辑关系进行资源嫁接，然后满足了顾客的需求，就变成了一个可以创业的生意。

所以创新思维其实特别简单，那就是旧元素的新组合。

美国有一个特别著名的广告创意人，他曾经为一本杂志做了封面的创意，是一个金发美女在刮胡子。我们知道，如果是一个男人在刮胡子，一点儿都不奇怪，但如果一个女人在刮胡子，这就是创意了，就是出乎意料的。为什么会设计这样一个封面呢？因为 20 世纪 60 年代的美国女权主义兴起，所以那个时期很多杂志的主题是讲女权主义，他用女人刮胡子这样一个夸张的创意来体现女权主义的主题，就真正达到了创意和彰显主题的效果。而这个创意的逻辑就是把男人刮胡子的事做了一次转移创新，这个创意就是旧元素的新组合。

那么我们进行服务型创业的时候，最主要的一个核心，也就是去贯彻旧元素新组合这样一种思维，如何把现有的想法组合起来，而且还能组合得好、组合得妙、组合得符合消费者需求，这样离成功就不远了。

下面讲一下我的创业经历。2010 年我做了一个新项目叫快书包，这个项目就贯彻了旧元素新组合这个创意思维。我把麦当劳的送货方式和 7-ELEVEn 便利店的产品组合起来，做了一个网上便利店，承诺一小时到货服务。这在当时的互联网电商圈还是有一定影响力的，因为那时候大家在货物配送上都还在追求次日送达，而我提出了网上下订单之后一小时送达。

那么我们来看，一小时到货是创新的主意吗？不是，因为麦当劳、肯德基好几年前就已经是下单后半小时送达了。我们再看，便利店是创新的吗？也不是，便利店遍地都是。所以我做了"一小时到货的网上便利店"这样一个旧元素的新组合，在当时看来就是一个很不错的创意。我们承诺的是一小时，为了能做到一小时内送达，我们做了分仓体系，就是在一个城市做很多分散的小仓库来代替原本集中的一个大仓库，这是我的创新，当时是没有人这么做过的。那么，我这个创业案例实际上就是把麦当劳的及时送达和7-ELEVEn便利店的两个属性、两个旧元素做了一次组合，变成了一个新创意。

　　除了在创业模式上做旧元素的新组合，我们在服务和传播上也做了旧元素新组合的创意。当时电子商务送货都是用塑料袋和纸箱，但我们用蓝印花布给大家送货。我在一本书里看到这样的事情：在民国时期有家琉璃厂的书店用蓝印花布包袱包上书，给老主顾送到府上，让主顾留下看，几天后来取，主顾喜欢了就付钱留下，不喜欢再取走。他们这样的服务精神启发了我，所以我们也用了蓝印花布做包装，让顾客觉得与众不同，耳目一新，在传播上也取得了不错的反响。这其实又是一次属性的转移，蓝印花布本身是个老东西，把它跟电子商务这个现代商业模式结合起来，就又成了一种能够带来传播性的创意。

还是 2010 年，我和正安中医馆合作做了一本养生日历。在 2010 年之前，市面上并没有带内容的日历，那个时候日历是日历，笔记本是笔记本，书籍是书籍，没有结合的产品。我做过多年的出版，我想着把有内容的创意跟实用的创意结合起来应该是很好的，所以，我们就把中医养生书跟日历做了结合，出了养生日历。这个养生日历根据不同季节、节气，每天都给人们一些养生建议，当时特别受欢迎，每年春节前上市，卖到春节，一开始卖几千本，到后来 1 年可以卖 4 万本。不知道是不是受我们养生日历的启发，后来出现了很多种类似的日历，跟动物、植物、音乐、名著等结合的，现在市面上可以看到几十乃至上百种带内容的日历，这个产品的创作思维实际上还是旧元素的新组合。

　　另外，我还设计过一个叫至爱金（Only True Love）的产品，是专门为结婚纪念日设计的。大家都知道过情人节送鲜花，过生日送蛋糕，因为鲜花、蛋糕是具备天然标签性的礼物，但是有一个节日是没有特别的礼物属性的，那就是结婚纪念日。结婚多年的男士，每当快到结婚纪念日的时候就特别发愁，不知道该给自己的太太送什么礼物才好。不能买太便宜的东西，便宜了显得不重视；但又不能买太贵的，因为太贵不实惠，太太认为你不会过日子。最关键的是每年送的东西还不能重样，比如今年送了项链，明年就不能再送一条项链，这让很多男士都绞尽了脑汁。针对这个痛点，我设计了至爱金，把金条和项链做了一次组合，设计了一个金条吊坠。当时设计的出发点就是刚才说的那几个需求：不能太便宜，但得会过日子，还得出人意料。如果我也设计一款精美的黄金吊坠，那些做黄金首饰的企业早就创意完了，我很难突破他们的创意，但是从来没有人把一个金条作为项链吊坠来戴，所以我就做了金条吊坠项链。而且根据项链不能太沉的实际情况，经过试验，我们确定了金条吊坠重量为 10 克黄金，卖 3000 多元一条。项链上市之后销售效果不错，同时也因为结婚纪念日的时间分布不是集中的，一年中任何时候都会有人买，产生了不错的销售业绩。这还是一个旧元素新组合的新创意。

以上是我当年创业时的一些创意和经历，给大家分享，就是想给大家说明，很多创业的主意就是按照旧元素新组合的方式得来的。

接下来，再给大家举一个国外的案例。绝对伏特加（Absolut Vodka）是世界知名的伏特加酒品牌，多年来，绝对伏特加不断采取富有创意而又高雅幽默的方式进行品牌的诠释和宣传。1976 年开始，美国的一个名叫 TBWA 的广告公司，为绝对伏特加策划了一个广告运动，用无数场景和绝对伏特加的品牌名 "Absolut" 进行组合，创作了几万幅宣传作品，比如，他们在选美的皇冠上做出一个酒瓶子的形状，传达"绝对的选美"之意；把乡村小屋的烟囱弄成酒瓶的形状，传达"绝对的乡村"之意；把监狱窗户的栏杆扭成酒瓶状，叫"绝对的自由"；把阿姆斯特丹的建筑风格与酒瓶形状结合，传达"绝对的阿姆斯特丹"之意；把驯鹿的角修成瓶子的形状，传达"绝对的零下40度"之意；把阿尔卑斯山滑雪道修成酒瓶状，就叫"绝对的阿尔卑斯"；把京剧脸谱的鼻子部分画成了瓶子，叫"绝对的北京"。我们可以看出 Absolut 酒的广告就是突出两个元素，一是突出酒瓶的形状，二是突出 Absolut 的品牌名，传达的信息叫"绝对的××"，跨场景，跨世界，把瓶子的形状跟世界万物结合，做到了创意无限。实际上，根据这个逻辑，我们在做生意创意的时候也可以这样做，根据一个好的创意概念，当我们做延伸的时候，也可以想出很多好的创意来。

比如，对书店来讲，现在最流行的旧元素新组合就是把书店跟咖啡馆组合在一起。这是从美国巴诺书店跟星巴克结合开始的，二三十年前他们就开始合作了，在巴诺书店里面开星巴克，把书店跟咖啡结合在一起，这就形成了一个新的形态，就是所谓的"综合空间"。

比如，现在兴起的知识付费是新鲜事吗？不是。因为我们以往买书也是知识付费，但是因为互联网时代大家习惯用手机了，而且现在大家越来越忙，很少有时间能专注地去看书，我们肯定不能一边走路一边看书，一边挤地铁一边看书，但是我们可以在走路、挤地铁、洗澡、做饭、开车的时候听声音，所以就出现了像"得到"App 这样的知识付费服务商，"得到"是把过去我们纸质书籍上的内容和知识形式，用音频的方式呈现了出来，这就是根据人们生活需求使用旧元素而进行的新组合。

那么，"得到"做得这么好，这个创业思路上还有没有其他机会了？当然有，比如百道网，百道学习 App 就是从"得到"学来的，把"得到"的运作方式和出版业做了结合，专门做服务于出版业的知识，为出版业生产课程，客户类型主要针对集团公司，由集团采购组织员工进行学习，现在已经开了八门课，这就成了另一个创新。

继续往下思考，百道网能服务于出版业，那还能否再做创新？比如，做现场创业课程。如果把创业课做成音频，教大家怎么找机会、怎么建团队、怎么定位、怎么跟技术结合等，不就变成了一个创客版的"得到"了吗？比如，把财会的内容或人力资源的内容做成这样的课程，只要做了这样的属性转移，做了旧元素新组合，就能诞生一个新的创业主意。这就意味着其他任何专业领域，用这样的方式，都存在着创业的机会。

总的来说，创新思维其实非常简单，我们在做创业项目的时候，只要把已经成功的项目属性分清楚，然后跟你所掌握的需求或痛点做结合，就能出现一个新的创业主意。当然，创意新的点子也需要很强的知识背景，大家要多看书、多学习，知识储备越多，新点子就会越多。

定位

那么，除了创意创新思维以外，在创业过程中还要关注一个比较重要的问题，即明确项目的定位问题。必须对自己的项目有一个特别明确的定位，因为不管是技术型还是服务型的项目或产品，一定不是服务于所有人的。必须回答两个问题：你服务于谁？你解决什么问题？

第一，你服务于谁？这个"谁"一定是窄众的，千万不能说你的产品所有人都可以用，你的技术所有人都可以用，世界上没有这样的项目，你一定要找到你服务的人群。

第二，你解决什么问题？也就是说，别人为什么要用你的产品。

在定位上，王老吉就是一个特别典型的成功案例。由于广东岭南地区特殊的气候环境，那里的人们都要喝凉茶，但是当王老吉将凉茶饮料化并想卖到全国的时候，服务于谁就发生了改变，原来是面对广东本地人，现在要面对全国人民了，那么全国人民为什么要喝它？它得对新的定位人群给出一个理由，它的理由就是那句广告词——怕上火喝王老吉。上火可不分广东人还是东北人，所以现在全国人民都知道吃火锅一定就喝王老吉，这就是一个非常成功的清晰定位。

再看万宝路香烟的案例。抽烟的人可能知道，万宝路在以前是女士香烟，但是因为以前女士抽烟比较少，所以卖得不好。20世纪50年代，万宝路对产品进行了重新定位，所有的代言人都换成西部牛仔，传达的内容是抽万宝路香烟的人都具有男士气概，之后一举成功。这个改变就回答了"服务于谁"和"解决什么问题"这两个问题——服务于有气概的男士，让抽万宝路的男士像西部牛仔一样奔放有气概。

所以，在创业的过程中，项目或产品的定位上也需要回答这两个问题。

设计思维

除了定位，再分享一个概念，那就是设计思维。

现在很流行"设计思维"这个词，或者叫"以顾客为中心的设计思维"。那什么是以顾客为中心的设计思维呢？前面阐述了创意创新，但是创新有一个前提，就是以顾客的需求为中心。

有一位朋友带着孩子去美国旅游，坐火车旅行的途中在朋友圈发了一张照片，照片上看到的美国火车和国内的火车很不一样，它的座位设计是朝着窗外的，这样，在火车行进的时候乘客可以很悠闲地看外面的风景。同时，除了座位对面的窗户，往上与车顶连接的部分还是窗户，乘客可以看到头顶的天空。

那么，为什么美国的火车是这样设计的？这个设计是美国非常有名的 IDEO 设计公司做的，他们为这个设计曾做了 3 万人的调查，并根据调查结果归纳了几条顾客需求：第一，座椅可调，面向窗外；第二，桌子变大，方便乘客聊天吃饭；第三，有淋浴室，可供乘客洗澡。然后 IDEO 就按照乘客的需求设计改造了火车的内部结构，这就是以顾客为中心的设计思维。

过去，设计只是被理解为外形好看，符合工程学或美学原理，那是不是设计？是，那也是符合大家部分需求的设计，但是现在提到设计思维的时候，已经把原有的内容做了更多的深化和延伸，挖掘的需求更深刻，涉及的外延更广阔。总之，设计思维其实就是要以人为本、洞察需求、快速迭代，这三点恰好也是互联网时期特别新兴的这些经济体所追求的。

品牌

第三个概念是品牌。

品牌是消费者所有消费感受的总和，做品牌就要考虑怎么把5000元的东西卖出5万元的价格，这是做品牌必须回答的一个问题，也就是说那些所谓的高端产品，为什么能卖到那么高的价格，凭什么让消费者花那么多钱买它的产品，其中的原因是什么。

无论是知名的奢侈品，还是其他任何产品，都不能用它的原材料的价格去衡量这些产品值多少钱，比如不能把苹果手机的价值用玻璃、金属等原材料的价值来衡量。原料成本加起来一共几百元，可为什么能卖到五六千？因为任何行业都存在着一个基本问题，那就是如何把原本不值钱的元素变成值钱的产品。

同样，做任何的创业项目也要回答这个问题，就是我们的技术、服务怎么卖出附加值。我们不能说原材料成本20元，人工成本30元，产品生产出来要50元，我们拍板决定卖99元，我们得给出理由，为什么要多出49元，消费者为什么愿意多掏49元？这个理由就是品牌，就是让大家愿意花钱的理由。

不管把价值5000元原材料的产品卖成5万元，还是把价值5000元原材料的产品卖成10万元，那只是一个数字差异而已，但是这个数字却代表了产品的溢价，代表了产品能给消费者提供的价值。所以，任何创业项目都必须有品牌意识和品牌规划，要给产品或服务一个能够说服大众愿意付费的属性。

传播

本讲最后分享的是产品的传播。

在微博出现之前，小企业做宣传的途径是非常缺乏的，因为花不起钱。不管是在网站做广告，还是在四大媒体做广告，都没有那么多钱，没钱做广告就意味着你的产品传播不出去，也就意味着，不管你想建品牌还是卖东西，都没有办法。

所以，之前卖东西是以地域为核心的，比如在北大校园里开个书店，周围的人看见了，就是我的顾客，不需要做宣传，或做广告。但是在互联网出现之后，情况发生了巨大的改变，再小的企业都可以借助互联网服务于所有人。这时候就需要利用社会化媒体对产品或服务进行宣传，利用如公众号、抖音、快手、微信朋友圈等社会化媒体进行宣传，但是要做好这些渠道的内容营销，需要对内容有严格要求，具体遵循以下几个基本原则：

第一，要有趣。在社会化媒体里，要想吸引更多的人关注，内容必须有吸引力，要有趣。比如我现在50岁了，经过一年半的努力，在育儿领域已经是一个有成就的网红了，收入、影响力、书的销售、千聊语音直播客的销售都还不错，影响了很多孩子妈妈。

第二，要和我有关。比如说前面讲过，我在快书包项目创业过程中用蓝印花布作为外包装的事。当时我们这块蓝印花布感动了很多人，也吸引了很多顾客的目光，他们都觉得这个形式太出人意料了，很多女孩子就喜欢这块布，拉着这块布和我们的配送员合影。合影之后干什么？发微博，因为我们当时创业做这个项目的时候正赶上了微博的兴起，所以我们的传播全部都是通过微博做的，我们几乎没有花广告费，而是非常多的消费者主动拍照，主动发微博帮忙做传播，这给我们带来了大量的消费者，也给我们的产品形象做了非常广泛的宣传。

再比如，苹果手机的广告费是很节约的，它的传播实际上是由消费者完成的。那么你的传播如果想让消费者来帮你做，就必须设计出传播元素，也就是说，必须给顾客一个理由，能够让别人拍照，能够让别人发微博、微信帮忙传播。

从这个特性来讲，微博时期是这样，现在微信时期更是这样，就是需要给顾客一个替商家传播的理由。而我们的蓝花布和苹果的产品特征或者发布会就是那个传播元素。

现在还有很多的经济体的宣传，比如大型商场或者娱乐场所，在一楼大厅会设计一些能够让顾客参与的场景，比如一个巨大的展板上画一对美丽的翅膀，把两个翅膀中间的位置空出来，可以让顾客站在中间拍照，顾客拍照干吗？当然是发朋友圈，这时候就达到了通过顾客主动参与进行宣传的效果。所以，不管是线下的实体店还是线上的网店，要想让顾客主动参与进来，对你的产品和服务进行宣传，都要设计出一个能让顾客主动参与的传播元素，这个元素要跟顾客有关。所以，现在创业企业考虑产品的传播，不能再用过去我说你听的媒体传播思维，而是要用顾客告诉他朋友的传播思维，把顾客的行为纳入你的传播当中，把顾客设计为一种传播渠道。

13

第十三讲
精益创业

劳维信

点亮资本合伙人；香港中文大学讯息工程系兼任教授、前海国际区块链生态圈联盟主席、香港产学研合作促进会理事；曾任北京大学产业技术研究院特聘研究员、创业导师；曾任哈佛大学商学院亚太研究中心研究主任，具有 25 年中国、中国香港、美国地区电讯、IT、高科技行业及风险投资行业丰富的工作经验；曾任 AT&T 贝尔实验室、中国香港电讯、Silicon Venture 高管，两家香港上市科技公司的董事会成员，多家信息科技企业及 VC/PE 的咨询顾问，香港创新科技署创新及科技基金旗下的小型企业研究资助计划项目评审小组评审委员，创新及科技基金信息科技项目评审委员会成员及香港青年企业家发展局董事。

创业执行

一般来说，创业要经历四个步骤。第一步，创业的起点，发现创业机会。第二，创业设计，这一部分又分为组织设计和商业模式设计。第三步，资源动员。当一个创业者在寻求联合创始人、投资机构、合伙人、顾问的时候，我们都称之为资源动员。第四步，执行。精益创业属于执行这一部分，也是创业学习的最后一部分，在执行这一部分有两个关键概念。

第一，B计划。很多创业想法经过市场验证后，发现走不通，我们会去做一个改变，改变到一个更合适的计划，这是正常的，不要觉得自己失败。

第二，最低可行产品（MVP，Minimum Viable Product）。创业过程中，不需要把整个产品做出来才开始去销售，先把产品概念用最少的钱、最简单的方法做出来，然后去验证市场效应，我们把这个称为 MVP。

精益创业

在精益创业领域有三个重要的人，分别是 Alex Osterwalder、Steven Blank 和 Eric Ries。

Alex Osterwalder 提供了商业模式画布这个工具帮助创业者设计商业模式。

Steven Blank 是一个连续创业者，后来成为创业导师，在美国很多大学里开设创业课。Steven Blank 写了一本书《创业四步法》，他对精益创业的贡献在于定义了如何从寻找客户开始精益创业。

Eric Ries 是 Steven Blank 的学生，他写了一本书《精益创业》（*The Lean Startup*），他把前两人的思想综合起来，建立了这本书的理论框架。他认为创建公司的时候，要用 MVP 的方法，用最小的投资、最简单的方法把你的想法与商业模式表现出来，并去市场试验。

精益创业的第一步是通过商业模式画布这个工具描述商业模式。商业模式画布是一个非常方便的工具，包含 9 个部分：用户细分、需求痛点、解决方案、价值主张、市场渠道、收入来源、成本结构、关键指标和竞争壁垒。

我们以滴滴出行为例,看怎么使用这个画布。创业者猜想,之前人们经常要等很久才能找到出租车,现在客户可以通过 App 下单很快找到出租车;从出租车司机的角度,使用 App 可以帮助司机更快找到用户,不需要整天在不同的路上跑。实际情况是不是这样呢?还是需要使用画布验证每一个猜想,陆陆续续去验证完毕上述的 9 个部分后,才能确定商业模式,这就是精益创业的第一步。

第二步,测试客户是谁,即发现客户。创业者需要设计一个实验去验证,然后不停地改进。创业者其实很像科学家,他花最少的钱设计很多实验,去做快速测试,从实验中得到结果,启发新的思考,判断当初的做法是否正确。

第三步,花最少的钱建立一个 MVP。你不需要把它做到尽善尽美,你只需要先做一部分,试一下市场反应,试一下用户体验。如果验证不成功,创业者需要从第一步重新开始,我们称这个过程为 Pilot,在寻找的过程中发现错误,重新改正。

Gmail 就是一个非常典型的精益创业的案例。Gmail 最初是谷歌内部的一位员工提出来的,CEO 觉得不好,那个人不服气,于是花了一个周末把 Gmail 最基本的一些功能做出来,这其实也是一个 MVP。先把最重要的东西做出来，样品虽然还不完美，但已经可以让客户体验到这个产品的核心内容，判断是否值得继续做下去。

提升创业速度

在创业中，速度很重要。比如这一轮融资了 100 万元，但是公司每个月的工资、开发和其他各种支出等基本花销要 10 万元，100 万元融资只能支持 10 个月。有限的生存时间，花越少的钱、验证越多次，最后公司生存的机会就越大。

以前创业者创业需要做很多工作，但是现在创业者可以购买一些服务，比如优步平台上的司机和用户都需要地图，但是优步没有自己开发地图，它使用了精益创业这个概念，用了第三方的谷歌地图，很快就可以开展工作了。

优步 App 的发布和推广也是在谷歌 Play 里，通过谷歌 Play 下载软件，而谷歌的大数据储存是用了 Amazon 的云端。所以说优步使用了谷歌地图和 Play Store，用了 Amazon 的云，而自己只是建了一个核心的产品。因此它利用第三方的工具可以快速建立企业，在几年之间已经发展成为一个价值 500 亿元的创业企业了。

成功案例

很多成功的创业公司，都应用了精益创业的指导思想。

Zappos 是一家卖鞋的公司，创始人到百货商店拍摄了鞋子的照片，然后把照片放在一个很简单的网站上，验证是否有人愿意购买。当有人真的在他的网站要购买这个鞋子的时候，他就去商店买然后再快递给顾客。这方法很笨，但是他用很便宜的方法完成了验证。假设创始人不进行验证，而是先买一大堆鞋子，花很多钱去建网站，建一个物流系统，购买很多货车，然后再营业，经过 2 年花了 1 亿元以后发现市场根本没有这个需求，那就浪费了 1 亿元。

香港有一位创业者创建了一个 App，主要是为忙碌到没有时间去洗衣店洗衣服的人服务的。使用这款 App 下单后，客服人员到客户家里取走衣服，清洗完之后，再将衣服送还到客户家里。那么，从精益创业的角度思考这个创业项目，如何花费最少的钱来验证这个商机是否可行？

创始人花费了 1 年时间去筹备与验证这个项目。2014 年年底，创始人在湾仔区通过邮政方式邮寄了 3000 封 App 使用邀请函，客户只需要从 Whats App 上下单便可，下单的时候也不需要支付任何费用，只需要填写需要清洗的衣物有几件，并预约上门取衣物的时间。客服人员也就是创始人本人上门收取衣物，并告知费用，如果客户认为价格合适便可以付费完成接下来的清洗与送回衣物的服务。

验证结果是：发出 3000 封 App 使用邀请函，有 30 人下订单并购买了服务，成为真正的消费客户；有 70 人下单却没有购买服务，成为有兴趣的潜在客户。根据以上的数据，这位创始人经过测算，觉得这个生意有市场并继续完成了这个创业项目。

运用 MVP 的方法做决定，甚至可以帮助创业者发现什么样的人群是潜在客户，帮助创业者使用最少的钱，用精益创业的思维判断一个创业项目是否可行。

图书在版编目（CIP）数据

北大创业13讲 / 郭蕾主编. —— 北京：东方出版社，
2022.1

ISBN 978-7-5207-2591-0

Ⅰ. ①北… Ⅱ. ①郭… Ⅲ. ①创业—研究 Ⅳ.
①F241.4

中国版本图书馆CIP数据核字(2021)第240788号

北大创业13讲

（BEIDA CHUANGYE SHISANJIANG）

主　　编：郭　蕾
策划编辑：鲁艳芳
责任编辑：黄彩霞
出　　版：东方出版社
发　　行：人民东方出版传媒有限公司
地　　址：北京市西城区北三环中路6号
邮　　编：100120
印　　刷：北京联兴盛业印刷股份有限公司
版　　次：2022年1月第1版
印　　次：2022年1月第1次印刷
开　　本：880毫米×1230毫米　1/32
印　　张：7.25
字　　数：130千字
书　　号：ISBN 978-7-5207-2591-0
定　　价：49.80元
发行电话：（010）85924663　85924644　85924641